DOMINODELA
GUITARRAFUNK

La guía completa para tocar la guitarra rítmica del funk

JOSEPH**ALEXANDER**

FUNDAMENTAL**CHANGES**

Dominio de la guitarra funk

La guía completa para tocar la guitarra rítmica del funk

ISBN: 978-1-910403-94-5

Publicado por **www.fundamental-changes.com**

www.fundamental-changes.com

Contents

Introducción

Los inicios del funk se encuentran en la música de James Brown y fueron impulsados por la batería de Clyde Stubblefield, cuyo estilo rítmico único, a su vez había nacido del swing de Nueva Orleans. La sensación popular del golpe del tambor de Nueva Orleans evolucionó a través de la música de James Brown y ayudó a definir los derivados del disco, soul y funk de los años 60 y 70.

El funk encapsula el sonido de Sly & The Family Stone, George Clinton, y The Isley Brothers, que evolucionó para convertirse en el disco-soul de Chic, Tower of Power, y Earth, Wind and Fire.

El funk tuvo un dramático resurgimiento en los años 80 y 90 mediante la música de The Red Hot Chilli Peppers, Zapp y Extreme, y evolucionó hacia el nuevo milenio con bandas como Jamiroquai, Maroon 5 y Daft Punk. El enfoque rítmico estilístico y basado en el *groove* del funk ha estado siempre presente en el pop, el rock, el dance y la música fusión de los tiempos modernos.

Desde la perspectiva de un guitarrista, el funk abarca una amplia variedad de enfoques y disciplinas musicales. El requisito técnico más importante de estos enfoques es el dominio de la interpretación del ritmo con semicorcheas, ya sea como riffs de notas individuales, colocación específica de acordes o "scratches" en cuerdas silenciadas.

Si bien el funk es a menudo armónicamente denso, como sucede en los enormes arreglos de vientos de Earth, Wind and Fire, en muchos casos, la parte de la guitarra sirve simplemente para añadir interés rítmico e impulso a la canción. Aunque esto puede parecer simple a primera vista, la verdad es que estas partes de guitarra pueden ser extremadamente complejas y deben ser tocadas precisa, constante y estrictamente durante largos períodos de tiempo.

A pesar de que la armonía del funk sea densa (acordes extendidos como los 9 y los 13 se utilizan con frecuencia), las progresiones de acordes en sí son a menudo bastante estáticas. No es raro estar tocando un solo acorde durante un largo periodo de tiempo. Es la colocación de estos acordes la que puede ser determinante en una parte de guitarra funk.

Encontrarás a menudo que la colocación de una nota o un acorde no está exactamente donde quieres que esté; los acordes con golpe de staccato a menudo pueden estar una semicorchea antes o después de lo que crees. Estas pequeñas peculiaridades rítmicas son esenciales para el groove de la canción, y siempre trabajan estrechamente con la línea del bajo y los patrones del charles de la batería para crear una sensación rítmica mucho mayor que la suma de sus partes.

Algunos compositores de magnífica música funk y disco, como Nile Rodgers, han hablado de un enfoque de colaboración para escribir piezas de funk. Nile dijo que se le había preguntado frecuentemente, después de haber estado en una sesión de improvisación por un rato con Bernard Edwards, "OK, ¿esa es tu parte?".

Lo que Bernard quería decir era, "*ese es el riff definitivo con el cual te vas a quedar?*". Una vez que el riff de guitarra quedaba establecido, las partes de bajo y batería se construían alrededor de él y se creaba el groove. La siguiente vez que se reunían a tocar la canción, la parte de guitarra tenía que ser idéntica a lo que se había acordado.

En el funk siempre hay espacio para la improvisación y la desviación a medida que la canción progresa. Sin embargo, la colocación y el groove tienen que ser los mismos, noche tras noche. De lo contrario, la banda simplemente estaría tocando una canción diferente.

Fortalecer las habilidades técnicas para dominar este tipo de consistencia puede ser un reto. Se necesita tiempo para desarrollar el control suficiente para colocar una sola nota en el lugar exacto donde la quieres en un compás de semicorcheas. También es necesario fortalecer el conocimiento de los acordes para crear partes de guitarra con sonido auténtico.

La mayoría de los acordes del funk son tríadas de tres notas o pequeños fragmentos de acordes más complejos. Estos fragmentos se tocan con la misma precisión y colocación que los riffs de semicorchea de línea individual.

Este libro desglosa las habilidades necesarias para ser un gran guitarrista de funk en sus componentes más pequeños posibles. Vas a desarrollar una excelente capacidad rítmica y un gran control de la colocación específica de notas. También dominarás secuencias de acordes y enfoques específicos del género.

Se discutirá cada matiz importante de la guitarra rítmica del funk. Estos incluyen: sincronización, acordes con deslizamiento, extensiones, ligados ascendentes (hammer-ons) y ligados descendentes (pull-offs), scratches y silencios. Estas habilidades te ayudarán no sólo a desarrollar tus habilidades de guitarra rítmica en *todos* los géneros, sino que también te ayudarán a dominar una de las partes más esenciales de la interpretación de la guitarra funk: la articulación.

También se explorará la forma en que un guitarrista de funk aborda los voicings de acordes y los combina con *dobles cuerdas (double stops)*, líneas de notas individuales y muchas otras técnicas con el fin de crear partes de guitarra funk legítimas.

El fraseo rítmico es particularmente importante. La forma en que cualquier riff o frase se articula tiene una influencia enorme en el groove de una canción. Cambiar una nota escogida por un ligado ascendente puede tener efectos sutiles y de gran alcance en el groove.

El objetivo de este libro es desglosar, enseñar y dar una idea de los elementos específicos que se combinan para hacer una parte de guitarra funk viva y que respire. Vamos a construir estos elementos desde el principio para ayudarte a interiorizar y sentir cada habilidad esencial. Al aprender y escribir suficientes ejemplos, pronto comenzarás a sentir y construir tus propios ritmos de guitarra funk legítimos.

La primera parte de este libro se centra exclusivamente en el ritmo. El primer objetivo de cualquier intérprete de funk es desarrollar la capacidad de frasear y articular ritmos de semicorchea perfectamente en la guitarra. En este libro, el viaje hacia una precisa interpretación de semicorcheas se divide en muchas pequeñas progresiones lógicas. Cada combinación de semicorchea será cubierta.

Te darás cuenta de que el estudio de la guitarra rítmica se puede dividir en dos áreas principales:

1) Reconocimiento e interpretación del ritmo.

Trabajando de una manera metódica, construirás rápidamente la técnica y la resistencia para interpretar cualquier patrón rítmico de semicorchea. El desarrollo de las habilidades para reconocer y articular cualquier ritmo en la guitarra te permitirá emular el estilo y el sentimiento de los músicos que escuchas, así como crear tus propias piezas interesantes.

2) Vocabulario

Mediante el estudio del ritmo en tal detalle, practicarás ritmos en los que probablemente no habrías pensado (o tocado de forma natural) por tu cuenta. Esto por sí solo aumentará dramáticamente tu creatividad. Del mismo modo que incorporamos nuevas palabras a nuestro idioma mediante la lectura de las obras de los demás, encontrarás que lo mismo irá ocurriendo en tu interpretación a medida que domines el vocabulario rítmico de este libro.

Como siempre, lo más importante que puedes hacer es escuchar intensamente la música que deseas tocar, pero por desgracia, esta es la única cosa que no puedo hacer por ti. Todos los ejemplos de este libro están incluidos como pistas de audio que puedes descargar en **www.fundamental-changes.com**.

Escuchar cómo suenan los ejemplos de este libro sin duda te ayudará a progresar más rápidamente, pero debes ir más allá de eso y sumergirte en la música funk tanto como sea posible.

Una lista de música esencial se da al final de este libro.

Para practicar las ideas de este libro, te sugiero enfáticamente usar una combinación de metrónomo, las pistas de acompañamiento incluidas, y todo lo que puedas obtener a través de YouTube.

Si tienes suerte, puedes conocer un baterista y un bajista que estarán encantados de tocar contigo durante horas. Tocar con músicos de verdad es una manera segura de mejorar muy rápidamente. Graba tus sesiones ya sea que estés trabajando con músicos en vivo o sólo con un clic. Espera 24 horas antes de ver tus vídeos y sé analítico, pero no crítico acerca de tu interpretación.

Hazte éstas preguntas: ¿estás dentro del tiempo? ¿Te estás adelantando o atrasando frente al pulso? ¿Tu interpretación encaja con el shuffle de la pista?

Este libro está organizado en dos partes bien diferenciadas. La primera parte se centra exclusivamente en el ritmo. La mayoría de los ejercicios usan rasgueos silenciados o notas individuales para que puedas desarrollar las habilidades rítmicas que se necesitan para tocar la guitarra funk de forma precisa y compacta. Hay muy pocos acordes en esta sección, pero esto es intencionadamente, ya que te permite concentrarte completamente en tu desarrollo rítmico.

La precisión rítmica y el sentimiento son las bases más importantes de una buena interpretación del funk, así, mediante la eliminación de la distracción de los acordes y los riffs eres capaz de trabajar de una manera muy centrada. El aspecto positivo de este trabajo intensivo en el ritmo es que se vuelve extremadamente fácil añadir acordes y melodías en tu interpretación cuando estés listo. En cualquier momento, siéntete libre de añadir algunos acordes o notas a los ritmos de la primera parte y rápidamente verás que estarás tocando algunas partes de guitarra geniales.

La segunda parte de este libro se centra profundamente en los acordes, riffs, melodías e ideas en las que te debes concentrar con el fin de añadir colorido y música a tus ritmos. En esta sección, aprenderás a usar voicings de acordes, escalas y técnicas de funk apropiadas para hacer que tu música cobre vida. Si has hecho tu trabajo correctamente en la primera parte, rápidamente serás capaz de construir un arsenal de piezas de funk interesantes, impresionantes y auténticas mediante el uso de las ideas de la segunda parte.

Hay algunos consejos prácticos en el capítulo doce para ayudarte a obtener el máximo provecho de tu tiempo de práctica y llegar a ser lo más preciso y "funky" como sea posible.

Como siempre, lo más importante es divertirse. Sonríe cuando estés tocando; eso hace una gran diferencia.

Joseph

Audio disponible en **http://www.fundamental-changes.com/audio-downloads**

Obtén el audio

Los archivos de audio de este libro se pueden descargar de forma gratuita en **http://www.fundamental-changes.com/** y el enlace se encuentra en la esquina superior derecha. Sólo tienes que seleccionar el título de este libro en el menú desplegable y seguir las instrucciones para obtener el audio.

Te recomendamos descargar los archivos directamente a tu computador, no a tu tableta, y extraerlos allí antes de añadirlos a tu biblioteca multimedia. Luego, ya puedes ponerlos en tu tableta, iPod o grabarlos en un CD. En la página de descarga hay un archivo de ayuda en PDF y también ofrecemos soporte técnico a través del formulario de contacto.

Kindle / eReaders

Para sacarle el mayor provecho a este libro, recuerda que puedes pulsar dos veces cualquier imagen para verla más grande. Apaga la "visualización en columna" y mantén tu Kindle en modo horizontal.

Para ver más de 350 lecciones de guitarra gratuitas con videos visita:

www.fundamental-changes.com

FB: FundamentalChangesInGuitar

Instagram: FundamentalChanges

Primera parte: Ritmo

Capítulo 1: Introducción a los ritmos con semicorcheas

Los elementos fundamentales de la guitarra rítmica del funk son los patrones de rasgueo con semicorcheas. Es esencial desarrollar la comprensión y el control de cómo funcionan y se sienten estos patrones, con el fin de producir partes de guitarra auténticas y compactas.

Los ejercicios de este capítulo comienzan de una manera muy sencilla, aunque aprenderás lo rápido que se pueden volver extremadamente sutiles, musicales y complejos.

Los ejercicios comienzan examinando cómo construir con precisión desde cero, dirigiéndose hacia la interpretación de ritmos de semicorchea precisos y con groove.

Las semicorcheas dividen un compás de música en dieciséis partes iguales. Hay cuatro divisiones por pulso en un compás de cuatro pulsos o tiempos.

Antes de tocar semicorcheas, vamos a trabajar con subdivisiones más pequeñas para que podamos interiorizar la sensación, la precisión, la técnica y la colocación de cada nivel rítmico sucesivo.

Los primeros ejemplos de este capítulo demuestran cómo podemos dividir un compás al tocar primero un rasgueo silenciado por pulso, luego dos y finalmente cuatro.

En el siguiente ejemplo, presta atención a las instrucciones de rasgueo escritas bajo cada nota. El desarrollo de la consistencia en la mano que rasguea es muy importante porque nos permite mantener el tiempo con precisión y sentir exactamente dónde estamos en el compás.

Silencia las cuerdas de la guitarra con tu mano del diapasón con el fin de crear un sonido "scratch" o golpeado. Esto se puede lograr reposando ligeramente los dedos de la mano del diapasón sobre todas las seis cuerdas para apagar el sonido.

Evita presionar demasiado las cuerdas, de lo contrario vas a hacer sonar notas indeseadas. Además, ten cuidado y evita la creación de *armónicos* al pulsar accidentalmente sobre los trastes 5to o 7mo.

El objetivo es crear un sonido apagado y silenciado para que puedas oír con precisión dónde está cayendo cada rasgueo.

Escucha el ejemplo 1a antes de tocar junto con la grabación.

Ejemplo 1a:

Toca el ejemplo 1a con un metrónomo ajustado en 60 bpm (golpes por minuto). Los pequeños círculos encima de cada rasgueo representan el clic del metrónomo. Asegúrate de que todos los rasgueos hacia abajo estén perfectamente a tiempo con el clic. Esto puede ser engañosamente difícil al principio.

A continuación, divide cada rasgueo hacia abajo (nota negra) en dos, creando de este modo corcheas. Esto se hace mediante la adición de un rasgueo hacia arriba entre cada rasgueo hacia abajo. Una vez más, el pequeño círculo representa el metrónomo y cada rasgueo hacia abajo debe sincronizar perfectamente con el clic. El rasgueo hacia arriba debe colocarse exactamente en el medio entre cada rasgueo hacia abajo.

Ejemplo 1b:

Intenta el ejercicio 1b a diferentes velocidades. Comienza en 60 bpm y trabaja desde ahí hasta 120 bpm. Aumenta la velocidad del metrónomo en alrededor de 8bpm cada vez. La clave es *escuchar* la colocación de tu rasgueo hacia abajo; siempre se debe sincronizar perfectamente con el clic del metrónomo.

Ahora intenta reducir la velocidad del metrónomo a 40 bpm o menos. Tocar con precisión a un ritmo lento a menudo puede ser más difícil que en tempos más rápidos porque tenemos que dividir mentalmente un mayor lapso de tiempo.

Por último, pasa a tocar divisiones del compás en semicorcheas; cuatro rasgueos por cada clic del metrónomo. Comienza con el metrónomo ajustado en 60 bpm, pero esta vez concéntrate en colocar el *primero* de cada grupo de cuatro rasgueos en el clic. Estarás tocando una secuencia de *abajo-arriba-abajo-arriba* por cada clic del metrónomo.

Trata de acentuar el primero de cada cuatro rasgueos golpeando un poco más fuerte. Esto te ayudará a mantenerte dentro del tiempo.

Ejemplo 1c:

A medida que notas la mejora de tu exactitud, aumenta la velocidad del metrónomo en incrementos de 8 bpm y trabaja desde ahí hasta cerca de 120 bpm si puedes. Nunca sacrifiques exactitud por velocidad.

Repite este ejercicio en 50 o incluso 40 bpm también. Vas a aprender mucho controlando el ritmo de rasgueo a velocidades más lentas.

Repite los tres ejercicios anteriores, pero esta vez, en lugar de rasguear a través de todas las cuerdas de la guitarra, toca los ritmos en una sola cuerda. Silencia la guitarra como antes, pero toca los ejercicios sólo en la tercera cuerda (G)

Ejemplo 1d:

Ejemplo 1e:

Ejemplo 1f:

Para ayudar a controlar tu punteo y mejorar tu exactitud, intenta descansar el talón de la mano que puntea en las cuerdas inferiores (no utilizadas) de la guitarra. Mantén tu mano que puntea tan liviana y relajada como sea posible, pero sé consciente de la piel del talón de la mano continuamente rozando las cuerdas sexta y quinta.

Para continuar desarrollando la exactitud y practicar el movimiento entre diferentes niveles rítmicos, intenta el siguiente ejercicio que se mueve entre negras, corcheas y semicorcheas.

Ejemplo 1g:

La clave para la precisión en este tipo de ejercicios es concentrarse más en el clic del metrónomo que en el sonido de la guitarra. Si pones tu atención en el metrónomo, vas a ver que estarás tocando más dentro del tiempo. Esto también es cierto cuando se toca con una banda: al concentrarse en el ritmo y la música de los demás, a menudo podemos encontrarnos tocando mucho más en el groove.

Repite el ejercicio 1g, pero esta vez usa rasgueos silenciados completos.

Ejemplo 1h:

A continuación, aumenta la frecuencia a la que cambias las divisiones rítmicas:

Ejemplo 1i:

Repite el ejemplo 1i con rasgueos silenciados completos.

A continuación, intenta combinar diferentes subdivisiones rítmicas con el fin de hacer que la línea sea más interesante:

Ejemplo 1j:

Ejemplo 1k:

Repite los ejercicios anteriores con rasgueos silenciados completos y trata de aumentar el tempo hasta alrededor de 120 bpm.

El mejor consejo que puedo darte, mientras aprendes estas clases de ritmos, es que te asegures de que tu pie esté marcando el pulso. Tocar con el pie te ayuda a sentir el pulso físicamente, y no sólo responder mentalmente a las ondas sonoras que viajan a través del aire. Interiorizando el pulso físicamente puedes pensar menos en el ritmo y *sentir* si estás dentro del tiempo.

Si es demasiado trabajo mental tocar estos ritmos mientras das golpes con el pie, y permanecer dentro del tiempo con el metrónomo, apaga el metrónomo durante un tiempo. Sin el metrónomo, asegúrate de que los rasgueos de la guitarra estén cayendo dentro del tiempo con el pie. Cuando estés seguro, incluye el metrónomo a unos 40 bpm y sincroniza tu pie y tu rasgueo con el clic.

Cuando yo estaba aprendiendo, me llevó mucho tiempo darme cuenta de que mi pie estaba fuera del tiempo con el clic y esto afectó negativamente *todo* lo que tocaba en la guitarra. Cuando me concentré en serio en mi pie, mi sentido del ritmo mejoró de manera espectacular. Es un uso muy valioso de tu tiempo de práctica y tiene beneficios de largo plazo en todo lo que toques.

Con el fin de practicar estos ritmos fundamentales del funk, escribe algunos propios usando las subdivisiones que has aprendido en este capítulo.

Mediante la combinación de estos ritmos esenciales, comenzarás a escuchar cómo está construida una parte de guitarra funk, aunque hay cosas más importantes para el desarrollo de tu sentido rítmico aparte de estos ritmos básicos.

Capítulo 2: Ligaduras, silencios y combinaciones

La mayoría de la interpretación de la guitarra rítmica del funk gira en torno a la ejecución de ritmos sincopados. Un ritmo sincopado es aquel donde los acentos se sitúan *entre* los pulsos principales del compás.

En el capítulo uno, desarrollaste un enfoque consistente de rasgueo y yo resalté que la creación de la consistencia del patrón de rasgueo *abajo-arriba-abajo-arriba* te permite sentir y colocar con precisión los ritmos en el compás.

Esta consistencia es muy importante ahora que nos fijamos en tocar ritmos más complicados; sin un *abajo-arriba-abajo-arriba* regular en la mano que puntea, es fácil perder el ritmo y caer fuera del tiempo con la banda. Piensa en la mano que rasguea como tu propio director personal.

Mediante el uso de silencios (pulsos de silencio) y ligaduras (combinando los valores de dos notas), podemos crear partes de guitarra complejas y con groove bastante fácilmente.

El primer silencio a presentar es el silencio de corchea. Se escribe así:

᜶

Mediante la colocación de este silencio en un golpe hacia abajo, podemos empezar a dejar huecos en la parte del ritmo. Estos huecos ayudan a crear una síncopa interesante.

Del capítulo anterior, ya sabes que un rasgueo hacia abajo siempre se toca sobre el pulso. El secreto para tocar la guitarra rítmica con precisión en el funk es mantener siempre la mano que rasguea moviéndose arriba y abajo al ritmo de la música. Incluso si no haces contacto con las cuerdas, hacer un "efecto fantasma" con la mano que rasguea es esencial para mantener un buen tiempo.

Estudia las instrucciones de rasgueo en el siguiente ejemplo para ver cómo se aborda este patrón de corcheas sincopado.

Ejemplo 2a:

Como se puede ver, los silencios de corchea se colocan en algunos de los pulsos. Las instrucciones de rasgueo debajo del ejemplo muestran este rasgueo hacia abajo entre paréntesis. La idea es mantener la mano de rasgueo moviéndose dentro del tiempo y simplemente *omitir* las cuerdas cada vez que hay un silencio. Escucha atentamente el ejemplo de audio para oír esto en acción.

Trata de tocar el mismo ritmo en una cuerda individual silenciada. Es probable que encuentres que es más fácil abordar ritmos como éste utilizando rasgueos grandes, pero es importante perfeccionar tu técnica al tocar en una sola cuerda.

Comienza con el metrónomo ajustado alrededor de 50 bpm.

Ejemplo 2b:

Aquí hay algunos otros ritmos que contienen silencios de corchea.

Ejemplo 2c:

Ejemplo 2d:

Ejemplo 2e:

Trabaja en pro de acelerar con precisión los ejemplos anteriores. Utiliza un metrónomo o la pista de acompañamiento 1.

Ligaduras

En la música, una ligadura es un símbolo que significa "tocar la primera nota y mantenerla por el valor de la segunda nota".

Se escribe así:

En el siguiente ejemplo, toca la primera nota de cada par ligado, pero no toques la segunda.

Ejemplo 2f:

Escucha y toca junto con el ejemplo de audio para asegurarte de que estás haciéndolo bien.

Si estás utilizando punteos o rasgueos silenciados, este ejemplo debería sonar idéntico al ejemplo 2b:

Si estos ejemplos suenan idénticos, ¿por qué diferenciamos entre el uso de silencios y el uso de ligaduras?

Hay una gran diferencia entre las ligaduras y los silencios en función de si estamos tocando estos ritmos utilizando acordes sonoros o notas silenciadas.

Compara los dos ritmos anteriores cuando se tocan con un acorde funky E9 en lugar de un rasgueo silenciado:

Ejemplo 2g:

Ejemplo 2h:

Como se puede escuchar en el ejemplo de audio, estos dos ritmos tienen una sensación muy diferente.

La sutil diferencia entre tocar un silencio y una ligadura puede tener efectos de largo alcance en el groove de la música que tocamos.

Creación de combinaciones de ritmos de semicorcheas

Ahora que tienes una mayor comprensión de cómo funcionan las ligaduras y los silencios con ritmos de corcheas, puedes pasar a utilizarlos con las divisiones de semicorcheas que son más comunes en las partes de la guitarra funk.

Vamos a explorar lo que sucede cuando empiezas a usar ligaduras para unir las semicorcheas.

Recuerda, cuando veas una ligadura *toca la primera nota* y *sostenla por el valor de la segunda nota*.

En el siguiente ejemplo, toco semicorcheas continuas por un compás y luego uno las dos primeras semicorcheas en cada pulso. Mi mano derecha no deja de moverse hacia arriba y hacia abajo durante el ritmo ligado.

He escrito ritmos de notas individuales para mayor claridad en los diagramas. Sin embargo, deberías comenzar con rasgueos silenciados completos pues el uso de un movimiento amplio te ayudará a ser más preciso.

Ejemplo 2i:

Escucha el ejemplo de audio y repite el ejercicio en bucles hasta que te sientas seguro.

Ligar dos semicorcheas es matemáticamente lo mismo que tocar una corchea. (1/16 + 1/16 = 1/8)

Esto significa que el ejemplo anterior se puede reescribir de la siguiente manera:

Aunque los dos ejemplos anteriores suenan idénticos, posiblemente encontraste que el segundo era más fácil de leer.

Observa que el patrón de rasgueo/punteo es idéntico.

En el siguiente ejemplo, las dos semicorcheas del medio están ligadas en el segundo compás.

Ejemplo 2j:

Una vez más, la mano que puntea sigue moviéndose *abajo-arriba-abajo-arriba*, pero esta vez omites el segundo *abajo* de cada grupo: "*Abajo-arriba   arriba-Abajo-arriba   arriba*".

Aquí está el mismo diagrama sin los punteos entre paréntesis. Puede que te resulte más claro para leer:

Aplicando la misma lógica que en el ejemplo 2i, el ejercicio anterior se puede reescribir así:

Toca con la pista de audio y asegúrate de marcar el pulso con el pie. Puede ser fácil abordar estos ritmos de manera incorrecta.

Finalmente (por ahora), voy a ligar las dos últimas semicorcheas de cada pulso.

Ejemplo 2k:

O,

Al ligar los diferentes pares de semicorcheas, ahora hemos creado cuatro agrupaciones rítmicas diferentes.

Mediante la combinación de estas cuatro agrupaciones rítmicas de semicorcheas, es posible crear algunas partes de guitarra rítmica de funk muy complicadas.

Estas combinaciones son prácticamente ilimitadas, sobre todo si tenemos en cuenta que pronto volveremos a introducir silencios a las frases.

Antes de continuar, asegúrate de que puedes tocar, leer y reconocer los siguientes bloques de construcción rítmicos fundamentales de la guitarra funk.

Ejemplo 2l:

Toca el ejemplo 2l, tanto punteando en una sola cuerda silenciada como también usando rasgueos silenciados completos.

Ahora que has dominado los cuatro principales patrones de semicorcheas, podemos combinarlos en frases de un solo compás.

Una vez más, por razones de simplicidad visual estoy escribiendo estos ejemplos utilizando ritmos de notas individuales, aunque deberías comenzar utilizando rasgueos silenciados completos.

El ejemplo 2m combina sólo dos de los ritmos anteriores.

Ejemplo 2m:

El ejemplo 2n combina tres agrupaciones de semicorcheas.

Ejemplo 2n:

El ejemplo 2o utiliza los mismos tres grupos de una manera diferente.

Ejemplo 2o:

El ejemplo 2p utiliza las cuatro agrupaciones de semicorcheas.

Ejemplo 2p:

El ejemplo 2q muestra otro enfoque.

Ejemplo 2q:

Por último, el ejemplo 2r vuelve a introducir silencios de corchea.

Ejemplo 2r:

Nota importante

En el ejemplo anterior, podrías encontrar que tocar la corchea en el pulso tres se siente más natural si se ejecuta como un rasgueo hacia abajo. Esto es absolutamente correcto, siempre y cuando permanezcas dentro el tiempo. Lo siguiente podría ser más cómodo:

Mi consejo es hacer lo que se sienta más cómodo, siempre y cuando te adhieras a eso. La consistencia en tu enfoque de rasgueo es increíblemente importante mientras construyes tu vocabulario rítmico.

Usando diferentes direcciones de rasgueo, encontrarás que terminas con sensaciones un poco diferentes. Con el tiempo serás capaz de variar el ataque a voluntad, así que no te preocupes demasiado por eso ahora.

Antes de seguir, vuelve y repite los ejercicios 2i – 2r usando un acorde E9 en lugar de rasgueos silenciados. Por ejemplo, el ejercicio 2r ahora sonaría así:

Ejemplo 2s:

Asegúrate de que estás marcando con el pie dentro del tiempo y que haces énfasis en la diferencia entre los acordes y los silencios. Esto se puede lograr mediante el control cuidadoso de la presión en la mano del diapasón.

Capítulo 3: Inclusión de los silencios de semicorcheas

Hasta el momento, se han estudiado cuatro agrupaciones de semicorcheas diferentes y cómo se pueden combinar para crear ritmos interesantes.

Estos cuatro ritmos son:

Estos ritmos con frecuencia ocurren en las partes de guitarra rítmica de funk.

Hay, sin embargo, otras agrupaciones de semicorcheas que podemos crear mediante la inclusión de silencios de semicorcheas en estos patrones. Los mismos serán tratados más adelante en este capítulo.

Para empezar, vamos a ver cómo cambia el sentimiento de la música si sustituimos las corcheas del diagrama anterior por una semicorchea seguida de un silencio de semicorchea.

En la notación musical, un silencio de semicorchea se escribe así: 𝄿

Comenzaremos comparando un ritmo ligado (o corchea) con uno que utiliza una semicorchea y un silencio de semicorchea. Esta es la clase de ejemplo que sonará diferente dependiendo de si estás rasgueando acordes completos o "scratches" silenciados.

Compara la notación del primer compás con la notación del segundo.

Una vez más, el siguiente ejemplo se escribe con notas individuales para mayor claridad. Se toca en el ejemplo de audio con rasgueos silenciados completos, y así es como debes practicarlo.

Ejemplo 3a:

Como se puede escuchar, ambos compases suenan igual cuando se tocan con rasgueos silenciados.

Ahora escucha y toca la misma línea de la frase con un acorde E9.

Ejemplo 3b:

Con suerte, podrás oír que el uso de una semicorchea seguida de un silencio de semicorchea crea un efecto rítmico muy diferente que si se usa una corchea completa. El segundo compás es definitivamente más agresivo que el compás uno, a pesar de que los acentos reales de cada ritmo están en el mismo lugar.

Intenta tocar las otras combinaciones rítmicas de semicorcheas de esta manera. Con un acorde E9, toca el primer compás con una corchea y el segundo compás usando una semicorchea seguida de un silencio de semicorchea.

Usa tu mano del diapasón para silenciar las cuerdas con el fin de ejecutar un silencio. La única diferencia entre cada compás es que en lugar de dejar que las corcheas sigan sonando, las estás terminando al liberar suavemente la presión con la mano del diapasón, y no conectas con el rasgueo correspondiente de la mano que puntea.

Un consejo ligeramente más avanzado es tocar las notas con scratch de las cuerdas altas (tono alto) y los acordes articulados, a partir de la quinta cuerda. Mediante la variación de las cuerdas con las que conectas, puedes crear una dinámica interesante en tu interpretación rítmica.

No es necesario golpear todas las cuerdas cada vez. Trata de dejar que la parte de guitarra respire.

Ejemplo 3c:

Ejemplo 3d:

Para poner de relieve la diferencia entre el uso de corcheas completas y semicorcheas seguidas por un silencio de semicorchea, es posible que quieras tocar estos diferentes grupos en rápida sucesión.

Ejemplo 3e:

Trata de usar este enfoque con los otros dos grupos de semicorcheas.

Ahora combina algunas de estas combinaciones rítmicas. Presta especial atención a las longitudes de las notas en cada grupo. Controla el silenciado con tu mano del diapasón para que articules claramente la diferencia entre una corchea y una semicorchea + silencio de semicorchea.

Ejemplo 3f:

Ejemplo 3g:

Ejemplo 3h:

Inventa y practica tantas variaciones de esta idea como se te ocurran.

Más grupos con silencios de semicorchea

Hay un grupo importante de semicorcheas que todavía no hemos considerado. Es posible dejar un silencio de semicorchea en la *primera* división de semicorchea de cada pulso.

Mediante la colocación de un silencio de semicorchea en la primera división, se crea un "hueco" rítmico justo sobre el pulso. Este es un recurso musical extremadamente eficaz.

Observa que el primer rasgueo hacia abajo se encuentra entre paréntesis en cada pulso, lo que significa que no se tocan. No olvides que tu mano de rasgueo nunca debe dejar de moverse hacia arriba y abajo. Con el fin de dejar el silencio, simplemente *omite las cuerdas* cuando las atraviesas en el primer rasgueo hacia abajo.

Una vez más, este ritmo está escrito en una nota individual para mayor claridad. Es más fácil comenzar a tocar a estos ejemplos con rasgueos silenciados a través de todas las cuerdas (rasgueos silenciados completos).

Omitir la primera semicorchea de un pulso puede ser un ritmo complicado. La manera más fácil que he encontrado para enseñarlo es tocar un compás completo de semicorcheas silenciadas antes de pasar al ritmo alterado. Esto se muestra en el ejemplo 3i.

El primer compás hará que tu mano se mueva correctamente, luego todo lo que tienes que hacer en el segundo compás es omitir el primer rasgueo hacia *abajo* de cada cuatro.

Ejemplo 3i:

Empieza por tocar este ejercicio a 60 bpm y aumenta gradualmente la velocidad del metrónomo hasta aproximadamente unos 120 bpm.

Cuando hayas ganado confianza con este ritmo, incorpóralo poco a poco a tu práctica. Los siguientes ejercicios te ayudarán a empezar. Comienza tocando cada ejercicio con rasgueos silenciados, y luego tócalos en una cuerda silenciada individual antes de finalmente tocarlos con un acorde E9.

Ejemplo 3j:

Ejemplo 3k:

Ejemplo 3l:

Crea tantas variaciones rítmicas como te sea posible. Empieza despacio y siempre enfócate en la precisión antes que en la velocidad.

La velocidad viene fácilmente una vez que tienes el control de estos patrones.

Es posible añadir dos o incluso tres silencios de semicorchea en un grupo de cuatro notas para crear ritmos aún más sincopados.

Vamos a empezar por la adición de dos silencios de semicorcheas al final de cada grupo. Sobre el papel, esto puede escribirse de dos maneras diferentes porque dos silencios de semicorcheas son iguales a un silencio de corchea.

Ejemplo 3m:

No olvides continuar moviendo tu mano de rasgueo dentro del tiempo.

Trata de usar esta nueva agrupación en algunas frases completas. Aquí hay una para empezar.

Ejemplo 3n:

El siguiente ejemplo combina este nuevo ritmo con el que se enseñó en el ejemplo 3i:

Ejemplo 3o:

Vamos a entrar en mucho más detalle sobre los acordes propiamente en la segunda parte de este libro, pero para darle un impulso a tu creatividad, aquí hay un riff de funk que sólo utiliza el ritmo anterior.

Ejemplo 3p:

Puedes escuchar cómo la simple adición de un par de acordes puede transformar estos ritmos en un groove de funk estilo James Brown. Trata de añadir estos acordes a algunos de los ejemplos anteriores.

Hay otras cinco agrupaciones rítmicas importantes que combinan dos semicorcheas y dos silencios de semicorcheas. Las cubriremos aquí para completar, aunque a estas alturas es probable que estés descifrando estas diferentes permutaciones por ti mismo. No tengas miedo de tocar simplemente lo que oyes.

Ahora vamos a mirar cada agrupación a su vez, y examinar un ejemplo rítmico para cada una. Estos ejemplos se ponen progresivamente más difíciles, pero si se toman lentamente y siempre se mantiene la mano que rasguea en movimiento, los dominarás al instante. Como siempre, escucha y toca junto con el audio. Tu progreso incrementará dramáticamente.

Aprende los siguientes ejemplos de la misma manera como aprendiste los anteriores. Comienza con rasgueos silenciados completos antes de tocar notas individuales silenciadas y, finalmente, añade un acorde estático.

Ejemplo 3q:

Ejemplo 3r:

Ejemplo 3s:

Ejemplo 3t:

Ejemplo 3u:

Ejemplo 3v:

Ejemplo 3w:

Ejemplo 3x:

Ejemplo 3y:

Ejemplo 3z:

Este capítulo contiene una gran cantidad de información y probablemente tomará mucho tiempo para ser absorbida por completo.

Elige uno o dos ritmos cada día y practica moviéndote entre ellos. Poco a poco construye frases cada vez más largas y concéntrate en la precisión.

Estos ritmos son los cimientos de todos los aspectos de la interpretación rítmica de la guitarra funk y es esencial tenerlos bajo tus dedos.

Utiliza un metrónomo y las pistas de acompañamiento para asegurar que estos ritmos estén tan compactos y dentro del groove como sea posible.

Capítulo 4: Agrupaciones de notas individuales

Para ampliar tu conocimiento rítmico y libertad es importante aprender a tocar agrupaciones de semicorcheas que contengan sólo una semicorchea.

Obviamente, sólo hay cuatro ritmos posibles:

Es absolutamente esencial dominar estos golpes de staccato de notas individuales, si quieres tocar guitarra funk compacta. Aprendiendo este enfoque rítmico muy disperso, mejorarás tu colocación rítmica de forma espectacular.

Al igual que con cualquier nuevo concepto musical, es importante ser muy consciente y *cognitivo* sobre lo que estás aprendiendo, pero muy pronto serás capaz de tocar estos ritmos inconsciente y musicalmente. Normalmente, no querrás ser demasiado cerebral (pensativo) cuando tocas. De hecho, deberías tratar de apagar ese lado de tu cerebro completamente. Sin embargo, cuando se está aprendiendo algo nuevo, es importante estar lo más mentalmente involucrado como sea posible.

Con el fin de desarrollar tu control y colocación de estas semicorcheas individuales, sugiero que toques un compás completo de semicorcheas continuas seguido de un compás de la agrupación que escojas. Recuerda que tu mano que rasguea nunca deja de moverse hacia arriba y abajo en divisiones de semicorcheas. Simplemente enfócate en hacer contacto con las cuerdas en el momento correcto.

Comienza de nuevo con rasgueos silenciados completos, a pesar de que el ritmo está escrito con notas individuales. Pasa a notas individuales a medida que adquieras confianza.

Comienza con el primer ritmo del diagrama anterior.

Ejemplo 4a:

El ejemplo 4a debería ser muy simple para ti pues la semicorchea silenciada individual se siente lo mismo que tocar una negra silenciada en el compás dos. Recuerda, sin embargo, que hay una diferencia entre tocar rasgueos silenciados y notas completamente sonoras. Prueba el ejemplo anterior nuevamente, pero esta vez con un acorde E9. Asegúrate de que el acorde es silenciado en el momento apropiado en el compás dos.

Debería sonar así:

Ejemplo 4b:

Ahora trata de combinar ambas agrupaciones en un compás.

Ejemplo 4c:

Luego combina este ritmo con una frase completa.

Ejemplo 4d:

Prueba improvisando algunas líneas que utilicen este fragmento de semicorcheas individuales. ¡No olvides tocar acordes enteros también!

Continúa con el ritmo número dos. Este grupo en particular es uno de los más difíciles de dominar.

Comienza usando rasgueos silenciados completos.

Ejemplo 4e:

Combina los ritmos.

Ejemplo 4f:

A continuación, toca la frase con un acorde E9 para comprobar que puedes silenciarlo en el lugar correcto.

Ejemplo 4g:

Finalmente, combina el nuevo grupo de semicorcheas con los que ya has dominado antes de ponerte creativo y experimentar con tus propios ritmos de un compás.

Ejemplo 4h:

Recuerda practicar con rasgueos silenciados, notas individuales silenciadas, acordes no silenciados y notas no silenciadas.

Estoy seguro de que estás entendiendo cómo funciona este proceso para esta altura, así que para ahorrar espacio, te daré sólo la primera combinación de los ritmos número tres y cuatro de la página 36.

Ejemplo 4i:

Ejemplo 4j:

Trabaja con estos ritmos hasta que te sientas seguro con ellos. La capacidad de tocar golpes de staccato dispersos realmente te hará destacar como un excelente intérprete de la guitarra rítmica del funk. Practica cada ritmo con pistas de acompañamiento y con el metrónomo. Es más fácil practicar con pistas de acompañamiento, tales como la 1, 2 o 3; pero tendrás que trabajar más duro y ser más autosuficiente si sólo usas un metrónomo.

Para evaluar tus habilidades, aquí hay algunas partes rítmicas muy dispersas para ponerte a prueba. A medida que comiences a dominarlas, prueba tocándolas con la pista de acompañamiento 1 antes de avanzar a las pistas de acompañamiento más rápidas.

Comienza con rasgueos silenciados antes de pasar a un acorde E9 o simplemente con una nota individual.

Ejemplo 4k:

Ejemplo 4l:

Ejemplo 4m:

Los siguientes ejemplos combinan unas cuantas posibilidades rítmicas adicionales de las que hemos estudiado.

Ejemplo 4n:

Ejemplo 4o:

Ejemplo 4p:

Crea tantos de estos tipos de ritmos como te sea posible. Puedes empezar por escribirlos de manera arbitraria y combinando aleatoriamente diferentes ritmos de semicorchea. A medida que mejores, pronto comenzarás a escuchar estas ideas completamente formadas en tu cabeza. Esto sucede cuando los ejercicios comienzan a volverse musicales y tu cerebro creativo se involucra.

Recuerda que es muy importante escuchar y transcribir las partes de guitarra funk de las grabaciones. Las habilidades rítmicas y técnicas que has desarrollado hasta ahora en este libro, te ayudarán a oír y sentir al instante cómo funciona un ritmo de funk. Da tu máximo esfuerzo para "encajar" con el guitarrista del disco e imita su *sentimiento* tanto como sea posible.

Los ejercicios de este capítulo desarrollan tu vocabulario rítmico, técnica y conocimiento conceptual de lo que es posible rítmicamente. Vas a ver que estas ideas rápidamente se filtran en tu interpretación.

Capítulo 5: Silenciamientos y acentos

Los capítulos anteriores de este libro se centraron en la articulación de divisiones específicas de semicorchea del compás. Cualquier división no tocada se dejó en silencio y se manejó mediante el uso de rasgueos "fantasma" (omitidos).

Esta forma de abordar el aprendizaje de los ritmos es muy útil, ya que te ayuda a interiorizar y articular todas las posibles divisiones de semicorcheas del compás. Después de que estos ritmos se interiorizan, se hacen más fáciles de sentir, oír e interpretar en la guitarra.

Una técnica importante en la guitarra funk es tocar *todas* las semicorcheas del compás como un scratch silenciado y percusivo, y articular sólo los ritmos que se requieren para moverse rápidamente y sin problemas a través de la mezcla. Esto se realiza con un rasgueo silenciado más fuerte o tocando una nota de tono real.

Al usar la guitarra de esta manera percusiva, el guitarrista puede agregar energía e interés a la música. De hecho, es común que los guitarristas de funk toquen sólo semicorcheas silenciadas durante largos períodos de tiempo, y sólo articulen ciertas notas con rasgueos más fuertes. Esta técnica se utiliza a menudo en combinación con un pedal wah-wah.

Una gran manera de practicar esta técnica de semicorcheas silenciadas constantes consiste en moverse entre notas silenciadas (scratches) y notas o acordes acentuados. Esto es un reto al principio, ya que exige bastante control de la mano del diapasón.

Para oír el efecto de esta técnica, escucha los ejemplos 5a y 5b. La misma frase se toca dos veces: en el primer ejemplo sólo se tocan los acentos con tono y en el segundo ejemplo, cada hueco se rellena con scratches silenciados.

Ejemplo 5a:

Ejemplo 5b:

Como se puede escuchar, ambos ejemplos contienen las mismas notas articuladas pero el efecto rítmico de cada uno es muy diferente.

Prueba el mismo ritmo de nuevo, pero esta vez utiliza un acorde E9.

Ejemplo 5c:

Luego, toca el mismo ritmo con notas silenciadas, pero en lugar de articular los tonos sonoros con un acorde, simplemente acentúa la nota silenciada con un rasgueo más fuerte. Esto se sentirá extraño al principio y podría ser un reto permanecer dentro del tiempo.

N.B. ➤ = acento

Ejemplo 5d:

Esfuérzate por diferenciar claramente entre las notas acentuadas e inacentuadas tanto como sea posible.

Cuanto más practiques este tipo de enfoque, más se convertirá en una parte natural e inconsciente de tu interpretación. Vas a moverte fácilmente entre notas con scratch normales, notas con scratch articuladas, notas con tono y silencios.

El proceso que utilicé para desarrollar esta habilidad fue tocar un ritmo de semicorcheas con notas no silenciadas (ejemplo 5a), luego rellené todas las semicorcheas no tocadas con scratches (ejemplo 5b). En seguida, repetí el ritmo con un acorde completo más scratches (ejemplo 5c) y, finalmente, articulé el ritmo con scratches silenciados solamente (ejemplo 5d).

Aquí está el mismo proceso repetido con un nuevo ritmo.

Ejemplo 5e:

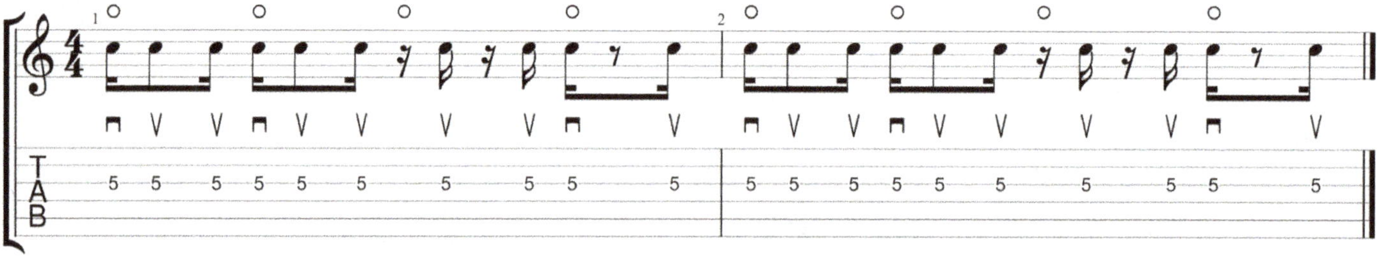

Ejemplo 5f:

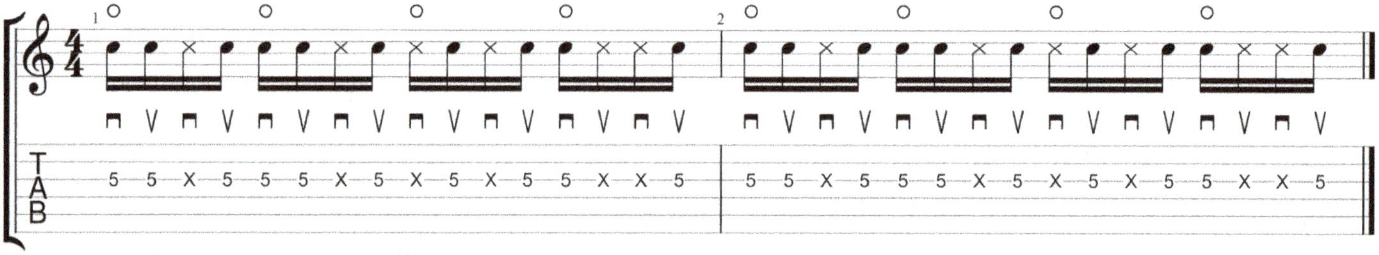

Ejemplo 5g:

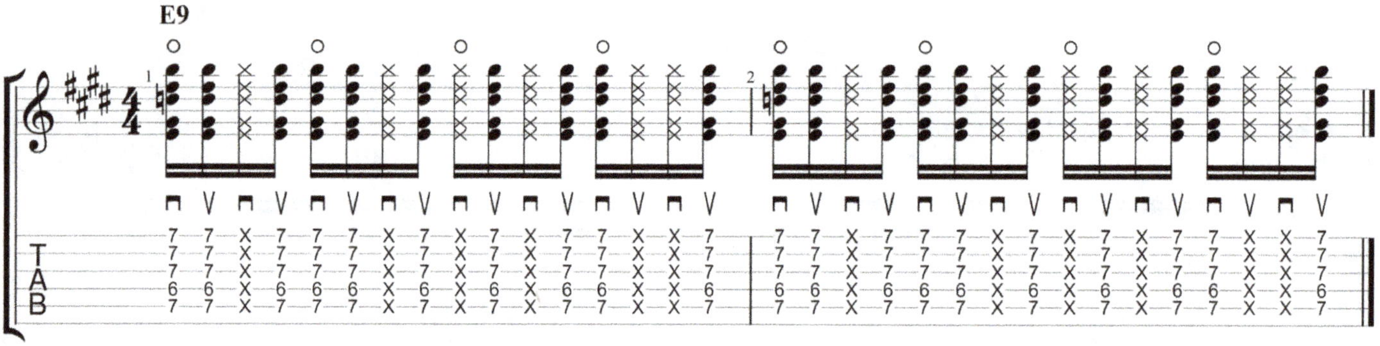

Ejemplo 5h:

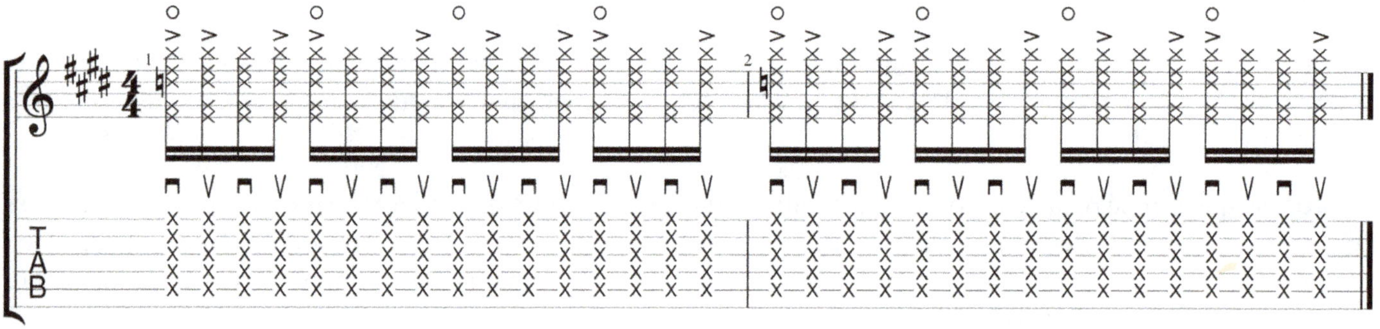

Puede que te resulte más fácil comenzar este proceso con acordes completos y luego pasar a los scratches. Esto es absolutamente correcto y siempre debes practicar de la manera que produzca los resultados más rápidos y consistentes.

Es importante consolidar esta nueva habilidad así que, con el fin de trabajar en estos enfoques importantes, vuelve atrás y trabaja en los ejemplos de los capítulos 2, 3 y 4.

Estos son algunos ritmos para empezar.

1)

2)

3)

4)

Trata de añadir períodos de silencios en las líneas para dividir cada frase. Recuerda mantener la mano que rasguea moviéndose arriba y abajo sin dificultades durante los silencios y omitir las cuerdas con el fin de crear los silencios.

Puede ser muy difícil o incluso un gran desafío tocar *exactamente* lo que está escrito, porque se necesita mucha concentración para cambiar entre los scratches silenciados y los silencios. Dicho esto, estos son algunos de los ejercicios más beneficiosos del libro; y siempre deberías estar practicando un poco fuera de tu zona de confort.

Ejemplo 5i:

Ejemplo 5j:

Ejemplo 5k:

Ejemplo 5l:

Repite los ejemplos anteriores, pero ahora tócalos en una nota individual.

Capítulo 6: Patrones de tresillos con semicorcheas

En este capítulo se explora el uso de los tresillos de semicorcheas en un groove de funk estándar directo.

Los tresillos de semicorcheas a veces se utilizan para lograr variaciones y efectos hechos por los guitarristas, aunque lo importante a tener en cuenta es que normalmente se usan muy poco. Una parte de guitarra llena de tresillos se torna muy atestada y abrumadora con bastante rapidez.

Un tresillo se define como un grupo de tres notas que se tocan de manera uniforme en el tiempo que normalmente se necesita para tocar dos notas.

Por lo que un grupo de tres tresillos de semicorcheas toma la misma cantidad de tiempo para tocar que dos semicorcheas.

Por ejemplo,

Ejemplo 6a:

El grupo de tresillos en la segunda mitad de cada pulso toma la misma cantidad de tiempo para tocar que dos las semicorcheas directas en la primera mitad del pulso.

Por supuesto, este patrón puede ser invertido:

Ejemplo 6b:

El uso ocasional de un tresillo de semicorcheas puede sonar muy bien, pero representa un ligero desafío técnico para el intérprete. Como ahora estamos introduciendo un grupo de tres notas a cada pulso, nuestro patrón de punteo se desorganiza, forzándonos a comenzar el siguiente pulso inicial con un rasgueo hacia arriba.

Esto es más fácil de ver en el papel. Estudia cuidadosamente las instrucciones de punteo en el siguiente diagrama.

Como se puede ver, cuando "salimos" del tresillo, nos vemos obligados a tocar un rasgueo hacia arriba en el siguiente pulso inicial.

Se han sugerido algunas maneras para hacer frente a este problema. Yo siento que, siempre y cuando regreses a tocar un rasgueo hacia abajo en el comienzo del *siguiente* pulso, esta peculiaridad normalmente queda reparada.

En realidad, es probable que resultes tocando algo "cómodo" en el pulso que le sigue a un tresillo, con el fin de resolver de forma natural el patrón de punteo para tocar rasgueos hacia abajo en el pulso.

Los siguientes ejercicios te ayudarán a incorporar el tresillo de semicorcheas a tu interpretación. Escucha con atención y trata de tocar junto con los ejemplos de audio para que puedas interiorizar la sensación de esta técnica.

Ejemplo 6c:

(El primer rasgueo es un rasgueo hacia abajo pero, en la repetición, se convierte en un rasgueo hacia arriba, como se muestra en el compás dos).

Ejemplo 6d:

Ejemplo 6e:

Ejemplo 6f:

Ejemplo 6g:

Ejemplo 6h:

El ejemplo 6h es muy importante debido a que el patrón de rasgueo cambia sutilmente en el segundo compás. El tresillo al final del compás uno provoca una alteración entre scratches y silencios, de forma que el punteo vuelve a la normalidad.

Añade estos tresillos a tantos de los ritmos anteriores como te sea posible. Experimenta colocándolos en diferentes pulsos del compás y precediéndolos de silencios, corcheas o semicorcheas.

A medida que ganas confianza, vuelve a revisar este capítulo e *invierte* el tresillo en cada ejemplo para que en lugar de utilizar el patrón del ejemplo 6c, toques el patrón del ejemplo 6i.

Ejemplo 6i:

Sustituye este patrón de tresillo invertido en tantas frases rítmicas como puedas.

Un asunto técnico

La mayoría de los intérpretes tienen una fuerte tendencia a precipitarse en estos tresillos. Nuestros cerebros simplemente parecen pensar "metamos más notas" y, por lo tanto, terminamos tocando demasiado rápido y saliéndonos del groove.

Escucha con atención los ejemplos en cada capítulo. Sube el volumen de las pistas de audio y desconecta tu guitarra. Cuando estés tocando perfectamente sincronizado con la batería y el bajo, se debería sentir como si la guitarra que suena en los altavoces fuera tu propia interpretación. Tal vez te sorprendas de lo mucho que te estabas precipitando.

Capítulo 7: Encajando con semicorcheas directas y con ritmo shuffle

Hasta ahora, sólo se han examinado los ritmos de guitarra funk tocados sobre un groove *directo*. Es decir, la batería en el groove de la pista de acompañamiento toca cada semicorchea distribuida *uniformemente* a través del pulso. Estas semicorcheas normalmente son tocadas por el charles.

Escucha con atención la batería de la pista de acompañamiento 4 y luego compárala con el sentimiento de la batería de la pista de acompañamiento 1. Estas dos pistas se sienten muy diferentes entre sí. La pista 4 se siente más *suelta* y menos cuadrada que la pista 1, a pesar de que ambas están perfectamente dentro del tiempo y con el mismo tempo.

La holgura en la pista de acompañamiento 4 es causada porque el baterista ajusta la forma en que se tocan las semicorcheas en el charles. En lugar de tocarlas de forma uniforme a través del pulso, la primera de cada dos semicorcheas se *alarga*, haciendo que el segundo charles se toque *más tarde*. Intenta escuchar esto prestando mucha atención a la batería de la pista de acompañamiento 4.

Si el primero de cada par de notas del charles es *muy* largo, la sensación de *ritmo shuffle* (arrastrado) es exagerada. Si la primera nota es sólo ligeramente más larga, entonces la sensación de ritmo shuffle puede ser bastante sutil. Imagina un selector de perilla (dial) que pueda aumentar la longitud del arrastramiento (shuffle) alargando el primero de cada par de semicorcheas.

Literalmente, la cosa más importante que puedes hacer como guitarrista de funk es *encajar* en la sensación rítmica del charles. Si no estás encajado, probablemente lo mejor sería que desconectes tu guitarra y te vayas a casa.

Este capítulo se centra en algunas formas fáciles de asegurarte de que estás tocando en el groove, en perfecta sincronía con la batería y el bajo.

La manera más fácil, y probablemente la mejor, de encajar con la música es tocar rasgueos silenciados mientras escuchas la pista de la batería. Trata de no escuchar tu propia interpretación; afina en el charles y ajusta tu mano que rasguea con el sentimiento de aquél.

Hay tres pistas de acompañamiento con diferentes cantidades de groove con ritmo shuffle ajustadas en la batería.

Comienza con la pista de acompañamiento 4 y toca rasgueos con negras silenciadas al tiempo con la batería. Esta pista de acompañamiento tiene una cadencia bastante obvia. Mueve tu cuerpo; marca con el pie en el pulso y asiente con la cabeza al ritmo de la música. Cada rasgueo debe estar directamente dentro del tiempo junto con tu pie y tu cabeza.

Ahora intenta con corcheas... tócalas todas con rasgueos hacia abajo. Cuando estés listo, enfócate en el sentimiento del charles y empieza a tocar semicorcheas. Tus rasgueos hacia abajo durarán más que tus rasgueos hacia arriba.

El ejercicio completo debería sonar algo así.

Ejemplo 7a:

Repite este ejercicio con cada una de las diferentes pistas de acompañamiento. Recuerda marcar con tus pies y asentir con la cabeza de acuerdo con el pulso. Introduce negras, luego corcheas y por último semicorcheas que encajen en el sentimiento de la pista.

Cada vez que tomes tu guitarra, comienza tocando este ejercicio. Reproduce un álbum de funk y practica viendo qué tan rápido puedes encajar en el groove de la canción.

A medida que te sientas más cómodo, introduce diferentes agrupaciones de semicorcheas silenciadas y concéntrate en tocar dentro del tiempo con las semicorcheas de la pista. Podrías tocar algo como esto una vez que hayas encajado con las agrupaciones de semicorcheas continuas.

Ejemplo 7b:

Improvisa ritmos y no olvides tocar dispersamente. Las herramientas más importantes que tienes son tus oídos, así que sigue escuchando la batería.

Si conoces la tonalidad de la canción, prueba tocando algunos acordes y muévete entre rasgueos silenciados, golpes articulados y silencios.

Haz esto tanto como te sea posible, con tantas pistas diferentes como puedas obtener.

Por último, vuelve a revisar todos los ejercicios de la primera mitad de este libro y toca esos ritmos junto con una pista de acompañamiento o una grabación real. Rápidamente vas a comenzar a sentir e interiorizar cómo funcionan estas divisiones rítmicas en un contexto musical real.

Si tienes una banda o amigos bateristas y bajistas, reúnanse e improvisen con estas ideas lo más que puedan. Interactuar en la vida real con músicos humanos es crucial para tu desarrollo. Si les ofreces a un baterista y un bajista la oportunidad de ejercitarse e improvisar durante unas horas, ¡muy pocos dirán que no!

Vamos a ver técnicas rítmicas para ajustar aún más nuestro tiempo más adelante en este libro. Por ahora, es momento de añadir los elementos melódicos y armónicos de la guitarra funk, mientras examinamos algunos enfoques basados en acordes y riffs para la construcción del groove.

Segunda parte: Acordes, riffs y melodías

Capítulo 8: Técnicas de acordes

Una de las características que define la música funk es que la armonía de una canción es, a menudo, bastante estática. Puede llegar a haber sólo uno o dos acordes en una canción entera.

Cuenta la historia que, cuando James Brown entrevistó al guitarrista Jimmy Nolan, le preguntó, "¿puedes tocar un acorde E9?". "¡Por supuesto!", respondió Jimmy. James Brown luego sonrió y le preguntó: "sí, ¡¿pero lo puedes tocar *toda la noche*?!"

Bueno, obviamente Jimmy podía, y pasó a convertirse en una de las figuras más emblemáticas de la guitarra funk.

Sea que la historia fuera cierta o no, demuestra que tocar la guitarra rítmica del funk tiene que ver mucho más con tocar en perfecta sincronía con la batería y el bajo que con tocar secuencias de acordes elaborados.

Esta sección examina muchas maneras de abordar la improvisación en acordes estáticos y discute algunos voicings esenciales y progresiones que deberías conocer. La atención se centra en el desarrollo de la sutileza y los matices en tu trabajo del ritmo.

Mejorarás tu repertorio de voicings de acordes y progresiones mediante el estudio de un enfoque más armónicamente avanzado para tocar la guitarra rítmica. Aunque este enfoque evoca un poco más la música disco y soul en vez del funk puro, descubrirás que es muy valioso cuando quieres aplicar el estilo del ritmo funk a algunos tipos de música más moderna.

Vamos a empezar con el acorde E9 básico del funk. A pesar de que ya se ha utilizado con frecuencia en este libro, es un gran lugar para comenzar cuando se observan algunos de los matices comunes en la interpretación de la guitarra rítmica del funk.

El acorde E9 es normalmente tocado de una de las dos formas siguientes:

Ejemplo 8a:

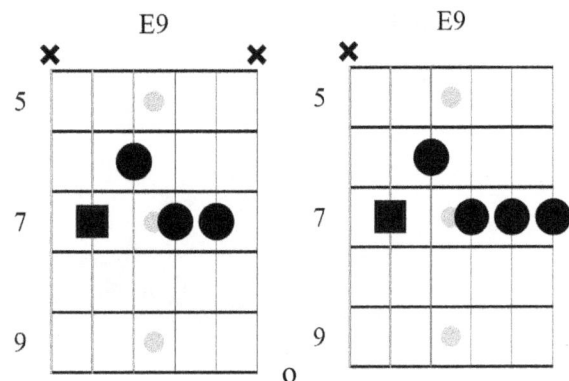

El 7mo traste en la cuerda E alta es opcional; intenta realizar el acorde con o sin esa nota para conseguir diferentes efectos.

Como este acorde no contiene ninguna cuerda abierta, se puede mover a cualquier posición en el diapasón. Por ejemplo, cuando se toca en el 5to traste, se convierte en un acorde D9.

Cuando estés practicando las ideas de esta sección, deberías apuntarle a atacar la guitarra muy fuerte con la mano que rasguea. La mayoría de los estudiantes que he visto normalmente no rasguean ni puntean la guitarra lo suficientemente fuerte.

Probablemente hayas notado que el sonido de la guitarra rítmica en las pistas grabadas de funk es muy "pop" y se abre paso a través de la mezcla. Este sonido sólo puede lograrse punteando o rasgueando la guitarra de forma bastante agresiva, así que necesitas practicar esta técnica. Siempre se puede suavizar más adelante si sientes que has ido demasiado lejos, pero si no practicas un ataque fuerte, nunca tendrás la opción. Trata de sentir las cuerdas oponiendo resistencia a la púa cuando estás punteando o rasgueando la guitarra.

La primera técnica importante de la guitarra rítmica que debes aprender es *deslizar* un acorde entero hacia arriba en un semitono. La idea es comenzar un semitono *por debajo* del tono deseado, atacar el acorde y deslizar el acorde hasta el objetivo con un movimiento suave.

Por ejemplo, para apuntarle a un acorde E9, yo rasguearía un E*b*9 y rápidamente deslizaría el acorde un semitono hacia arriba hasta el E9.

Rítmicamente, hay tres maneras de abordar este deslizamiento.

1) Desde el pulso acentuado hacia el pulso inacentuado

2) Desde el pulso inacentuado hacia el pulso acentuado

3) Como una nota de adorno (appoggiatura), donde el deslizamiento es más "sentido" que oído

Veamos cada uno de estos a su vez.

1) Desde el pulso acentuado hacia el pulso inacentuado

En el primer ejemplo, el acorde Eb9 de "acercamiento" se toca sobre el pulso. Su duración es de una semicorchea y llegué al acorde objetivo E9 en la segunda semicorchea del compás.

Estos ejemplos son más fáciles de escuchar que leer, así que asegúrate de haber descargado los archivos de audio de **www.fundamental-changes.com/audio-downloads**.

Ejemplo 8b:

Presta especial atención a las instrucciones de rasgueo. Rasguea una vez en el Eb9, desliza hacia arriba un semitono y sólo rasguea de nuevo en el pulso dos. ¡Recuerda rasguear más fuerte de lo que crees necesario!

Aquí hay un par de ejemplos que muestran esta técnica en contexto.

El sentimiento y el matiz de la guitarra funk son casi imposibles de transcribir perfectamente, así que toca junto con el ejemplo de audio para asegurarte de que lo estás haciendo bien.

Ejemplo 8c:

Observa cómo el ejemplo 8c utiliza una sexta cuerda abierta en el pulso uno. Recuerda que debes mantener la mano que rasguea moviéndose hacia arriba y abajo en las semicorcheas constantes para ayudarte a mantenerte dentro del tiempo.

Un consejo es tocar las notas con scratch en las cuerdas superiores (tonos más agudos) y tocar los acordes completos a partir de la quinta cuerda. Al hacer esto, se puede crear una dinámica muy interesante en tu ritmo de interpretación. No es necesario golpear todas las cuerdas cada vez.

El siguiente ejemplo es un poco más complicado. Es un patrón de dos compases completos en lugar de un solo compás repetido.

Ejemplo 8d:

Una vez más, escucha con atención al audio e improvisa junto con él tan pronto como te sea posible. No te preocupes demasiado por tocar cada nota perfectamente, concéntrate únicamente en conseguir que el acorde de acercamiento Eb9 esté sobre el pulso y en deslizar de inmediato hasta el E9.

2) Desde el pulso inacentuado hacia el pulso acentuado

El siguiente método consiste en tocar el acorde Eb9 en la última semicorchea del pulso y deslizarla hacia arriba de manera que le des al acorde objetivo directamente en el siguiente pulso inicial. Este enfoque crea un efecto rítmico muy diferente.

Como el acorde Eb9 ahora está en la cuarta semicorchea, será tocado con un rasgueo hacia arriba.

Ejemplo 8e:

El ejemplo siguiente muestra esta técnica utilizada en un contexto musical. Observa el adicional en el compás dos.

Ejemplo 8f:

El siguiente ejemplo muestra cómo el enfoque de pulso inacentuado/pulso acentuado se puede utilizar desde la segunda a la tercera semicorchea de cada pulso.

Ejemplo 8g:

3) Usando un deslizamiento con nota de adorno

Este enfoque final es similar al ejemplo anterior, donde nos movemos desde el pulso inacentuado hacia el pulso acentuado. Sin embargo, el deslizamiento es mucho más sutil y menos pronunciado. La idea es darle al acorde objetivo sobre el pulso y otorgarle un poco de introducción desde abajo.

Compara el sonido del siguiente ejemplo con el ejemplo 8e.

Ejemplo 8h:

Utilizar un deslizamiento con nota de adorno o "appoggiatura" puede darle un efecto de ligado al groove.

Los dos ejemplos siguientes muestran algunas aplicaciones musicales del deslizamiento con nota de adorno.

Ejemplo 8i:

Ejemplo 8j:

Cualquier acorde también puede ser objetivo moviendo el acorde de acercamiento hacia arriba dos veces desde un tono completo de abajo. Esta es una técnica muy común.

Ejemplo 8k:

Por supuesto, también puedes acercarte al acorde objetivo desde dos semitonos más arriba.

Ejemplo 8l:

El acorde E13 está estrechamente relacionado con el acorde E9 y es muy común en el funk. Se forma tocando un acorde E9 estándar y simplemente estirando el dedo meñique.

Se toca de la siguiente manera.

Ejemplo 8m:

E13

El siguiente riff está escrito en el estilo del guitarrista de James Brown, Jimmy Nolan. Es probable que lo reconozcas rápidamente.

Ejemplo 8n:

Intenta llenar los espacios con scratches y deslizamientos.

Ejemplo 8o:

La clave para hacer que estas técnicas de acordes funcionen es escuchar tanta música funk como te sea posible y tratar de emular el sentimiento de los grandes guitarristas. Escuchar a James Brown es una gran forma de comenzar, pues los riffs de guitarra normalmente son bastante fáciles de escuchar.

Aquí hay algunos otros acordes y voicings importantes de la guitarra funk.

Es imprescindible conocer este voicing de acorde de séptima menor con una fundamental en la quinta cuerda.

Ejemplo 8p:

Em7

Una vez más, esta es una forma móvil de acorde con cejilla, entonces puedes moverlo hacia arriba y hacia abajo en el diapasón hacia diferentes tonalidades.

Para familiarizarte con este voicing, haz los ejercicios 8b a 8o y reemplaza el acorde E9 con el voicing del acorde Em7 mostrado anteriormente. Por ejemplo, el ejemplo 8k quedaría así:

Ejemplo 8q:

Puede que te estés preguntando cómo alterar el acorde Em7 para dar cabida al voicing "13" cuando llegues al ejemplo 8n.

Al igual que con el acorde E9, hay alteraciones similares que se le pueden hacer al voicing m7. Estos funcionan de la misma manera que el movimiento de E9 a E13.

Lo primero es tocar un acorde Em13. Este sonido se escucha con frecuencia en la música de Prince.

El acorde Em13 suena así:

Ejemplo 8r:

El círculo vacío indica que se debe mantener la cejilla pulsada. Utiliza tu meñique para llegar al 9no traste en la primera cuerda.

Puedes experimentar con esta nota para conseguir un sonido menor crujiente en tu trabajo con el ritmo. Trata de moverte desde el acorde Em7 al Em13 de tantas maneras como te sea posible. Piensa en mantener una melodía en la parte superior del voicing del acorde.

Aquí hay un ejemplo sencillo.

Ejemplo 8s:

Este voicing de Em13 se puede utilizar en conjunto con un nuevo voicing de Em7 que se crea moviendo el meñique hacia arriba una vez más hasta el décimo traste.

Ejemplo 8t:

Em7

Mediante la combinación de los tres acordes anteriores, es posible crear líneas melódicas a lo largo de la cuerda E alta de la guitarra. Echa un vistazo a este acompañamiento improvisado de dos compases.

Ejemplo 8u:

La lección aquí es siempre experimentar cuando estás tocando *cualquier* forma de acorde. Si tienes un dedo libre, explora cualquier nota que puedas alcanzar; si no suena bien, no la toques de nuevo. Mira cuántos riffs funky puedes crear combinando diferentes ritmos con melodías en la cuerda superior.

Otra técnica común a saber con este voicing de Em7 es el movimiento de ligado ascendente desde E11 a Em7. Esta decoración común para el sonido m7 se utiliza todo el tiempo en la música funk, soul, disco y pop.

El acorde Em11 se toca de esta manera, el círculo vacío es opcional.

Ejemplo 8v:

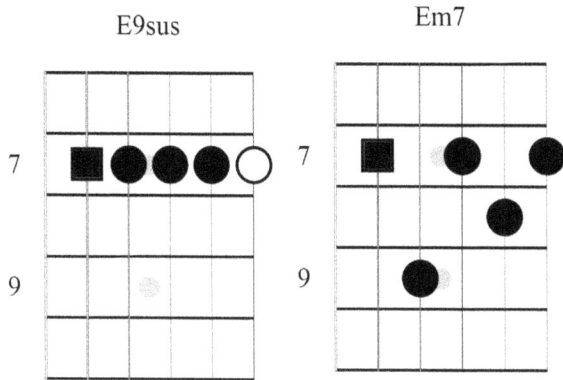

Practica el ligado ascendente desde este acorde E11 a Em7.

Ejemplo 8w:

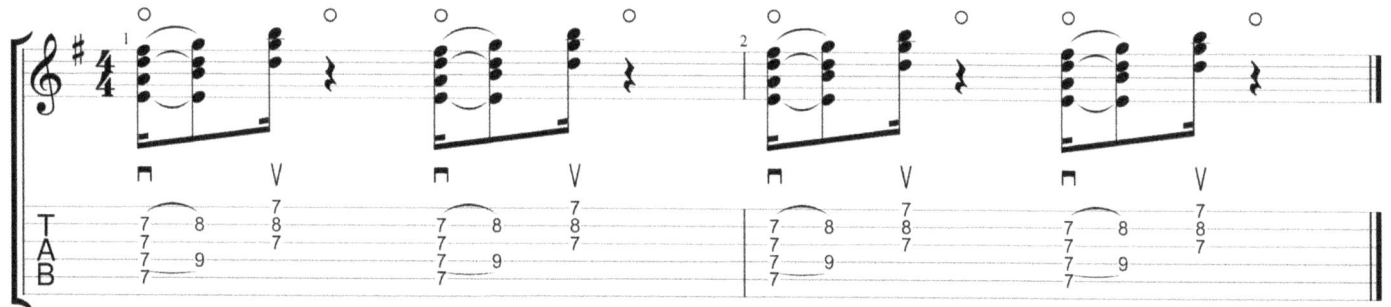

Aquí hay un par de ejemplos musicales que utilizan este movimiento.

Ejemplo 8x:

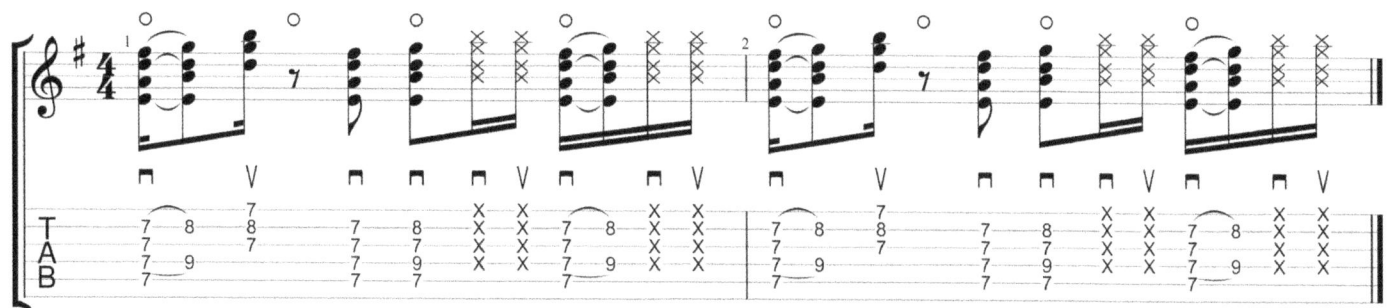

Ejemplo 8y:

Ten en cuenta el móvil acorde con cejilla Bm7 que se desliza hacia abajo, hasta Am7, en el compás dos:

Bm7

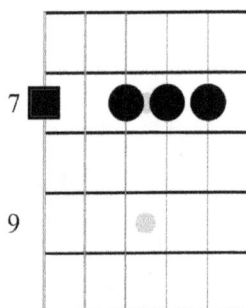

Recuerda que debes variar tu rasgueo entre las cuerdas graves y altas para ayudar a que la música respire.

En este capítulo, hemos cubierto una gran cantidad de técnicas que se pueden aplicar de alguna manera a la mayoría de los tipos de acordes.

• Deslizar desde el pulso acentuado hacia el pulso inacentuado

• Deslizar desde el pulso inacentuado hacia el pulso acentuado

• Deslizamientos con notas de adorno

• Encontrar melodías en la cuerda superior (o las dos cuerdas superiores) con los dedos libres

• Realizar ligados ascendentes sobre acordes enteros, como los de Em11 a Em7

En el siguiente capítulo, exploraremos cómo aplicar estas técnicas a otros tipos de acordes y observaremos algunas progresiones comunes.

Capítulo 9: Embellecimientos de acorde adicionales

Continuando con los conceptos introducidos en el capítulo anterior, ahora exploramos algunas adiciones corrientes a otros voicings de acordes comunes de la guitarra funk.

Vale la pena explorar cada idea de esta sección, tanto rítmica como melódicamente. Escucharás estos conceptos apareciendo una y otra vez en el funk y, al pasar tiempo explorándolos, vas a desarrollar la creatividad y la espontaneidad que puedes llevar al escenario o a la sala de ensayo.

Cada sugerencia aquí debe ser vista sólo como la punta del iceberg. Toma cada idea y desarróllala lo más que puedas. Usa los adornos mostrados para embellecer cualquier progresión de acordes o ritmo que conozcas, y practícalos con pistas de acompañamiento y con tus amigos músicos.

Para empezar, echa un vistazo más de cerca a la forma acorde de séptima menor introducido en el ejemplo 8y.

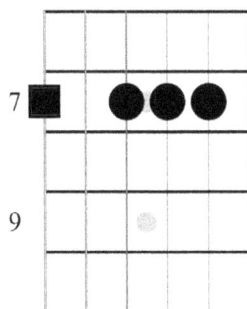

Bm7

Como se trata de un acorde con cejilla, la forma anterior se puede mover a lo largo del diapasón. Practica las siguientes ideas en diferentes tonalidades y en diferentes posiciones.

Como este voicing de acorde no te deja ningún dedo libre, es común alterar esta digitación u omitir la nota del bajo. Recuerda, el guitarrista a menudo sólo toca las cuatro cuerdas superiores de la guitarra para crear un sonido impactante y agudo, y para dejar espacio a la parte del bajista. El funk es impulsado por el bajo y la batería, y es importante no meterse en su camino.

Si asumimos que el bajista tocará riffs con base en la nota fundamental del acorde, los siguientes son voicings deseables del acorde m7 anterior:

Bm7   Bm7   Bm7   Bm7

o incluso

or

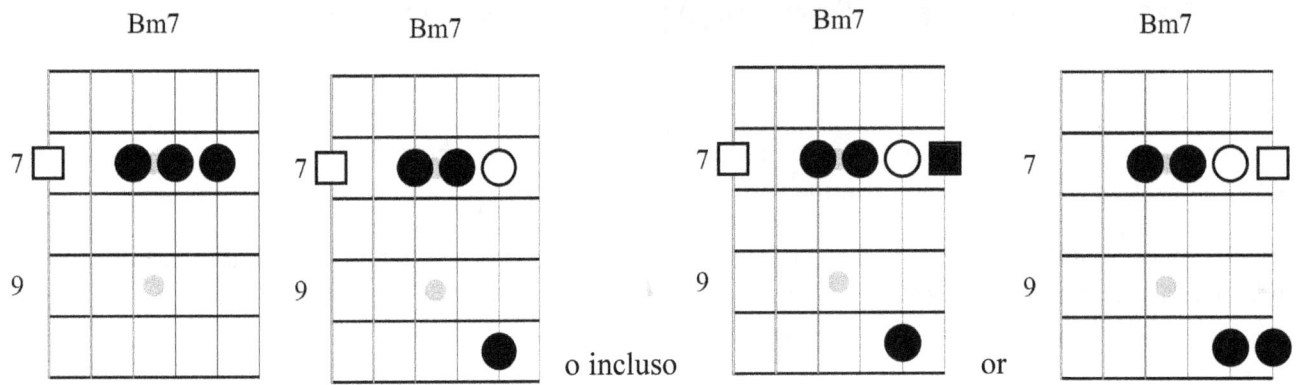

Estas cuatro digitaciones permiten a los dedos no utilizados crear melodías en las dos cuerdas superiores.

Una variación común de estos voicings es añadir una novena menor de las siguientes maneras:

Ejemplo 9a:

Bm9   Bm9

o

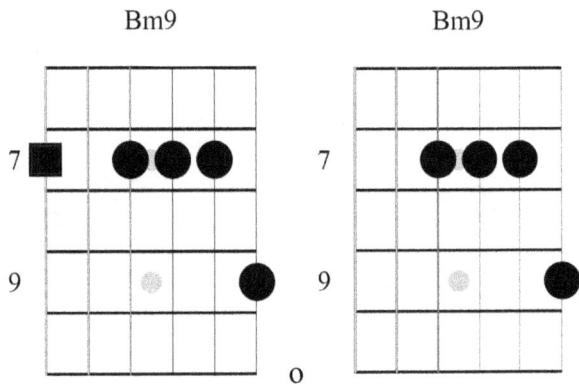

Moviendo el cuarto dedo hacia arriba por un traste, queda otro voicing de Bm7 disponible.

Ejemplo 9b:

Bm7

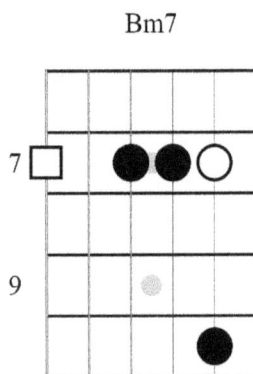

Prueba combinando estos tres acordes de una manera similar a los voicings de E9 del ejemplo 8u:

Ejemplo 9c:

Este enfoque también se puede aplicar a la segunda cuerda.

Ejemplo 9d:

Estos acordes también se pueden tocar mientras se pulsa la nota B en la primera cuerda:

Ejemplo 9e:

Repite el ejemplo 9c, pero esta vez sustituye los acordes por los del ejemplo 9d o 9e. También se pueden combinar estos seis acordes para lograr una gran impresión.

Ejemplo 9f:

Es divertido combinar estas extensiones de acorde en *las dos* cuerdas superiores de forma simultánea. Es posible crear algunos sonidos de funk realmente crujientes de esta manera.

Estas son las combinaciones más útiles:

Ejemplo 9g:

El siguiente ejemplo combina los fragmentos de acordes anteriores en una frase musical. Observa cómo no toco todas las cuerdas todo el tiempo.

Ejemplo 9h:

La práctica de este tipo de idea te puede dar horas de diversión. Escucha atentamente el ejemplo de audio y toca junto con él. A medida que adquieras confianza, pasa a utilizar una pista de acompañamiento y mira cuánto puedes improvisar con estas ideas.

En el ejemplo anterior, no pienses en los nombres de los diferentes acordes que estás tocando. Basta con pensar "B de séptima menor". Trabajar en todas estas variaciones sobre un acorde estático nos ayudará a ponernos creativos cuando llegue el momento de brillar.

Cambia entre acordes completos, deslizamientos, scratches silenciados y todas las otras técnicas que hemos estudiado hasta ahora.

Combina estos acordes con los ritmos de la *Primera parte*. Estas combinaciones son ilimitadas y te ayudarán a desarrollar rápidamente tu vocabulario rítmico del funk.

Un acorde común en la música soul y disco es el acorde de séptima mayor. A menudo se utilizan los siguientes tres voicings:

Ejemplo 9i:

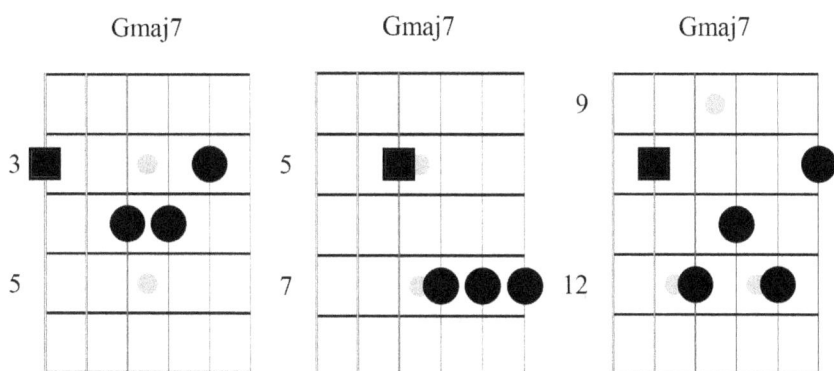

Si bien todos los voicings de acordes anteriores se pueden embellecer de las maneras descritas anteriormente, el tercer voicing es digno de atención especial.

Un adorno común es el movimiento de un sonido de novena mayor a uno de séptima mayor utilizando los dos siguientes voicings de acordes.

Ejemplo 9j:

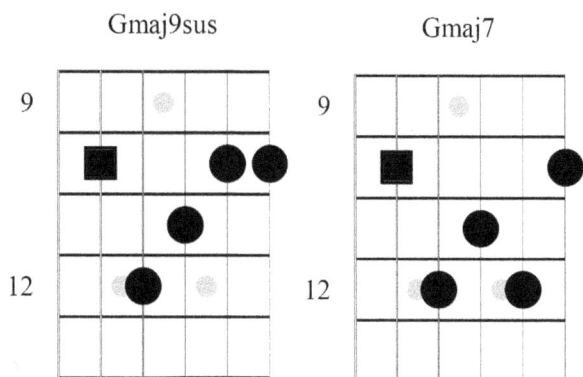

Este movimiento generalmente se toca con un ligado ascendente con el cuarto dedo.

Ejemplo 9k:

Los voicings de acordes de séptima mayor del ejemplo 9i se pueden combinar en una progresión popular de funk-soul.

Ejemplo 9l:

El ejemplo anterior mostró algo de la notación de los detalles más básicos del groove. Como siempre, rellena los espacios con las técnicas de funk que se han estudiado hasta el momento. En particular, deslizarse hacia el acorde final BMaj7 funciona muy bien.

Improvisa y experimenta para generar tu propio groove e ideas. Toma progresiones de acordes que ya conoces y haz que suenen a funk. Usa los ritmos de la primera parte para ayudarte.

Antes de pasar a ver algunas técnicas de acordes más avanzadas, aquí hay algunas progresiones de acordes de funk que aparecen en el funk, soul, disco y pop.

Ejemplo 9m:

Ejemplo 9n:

Nuevas formas de acordes para el ejemplo anterior:

Ejemplo 9o:

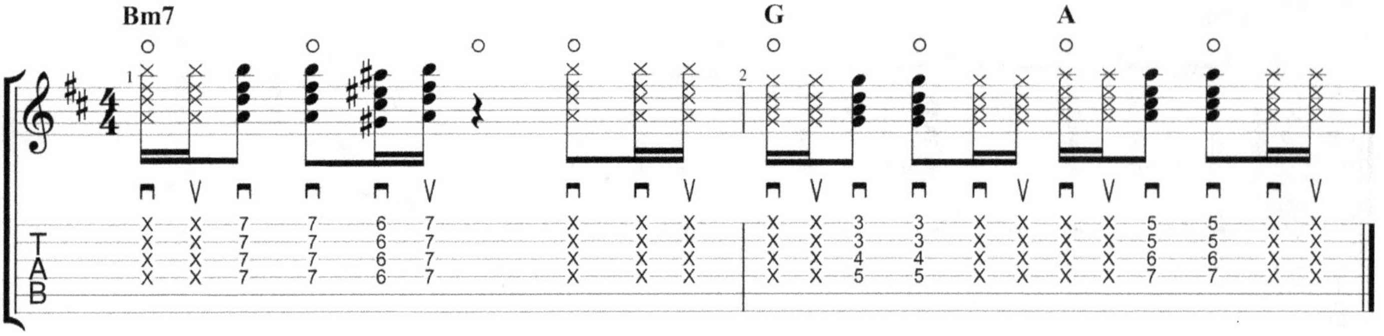

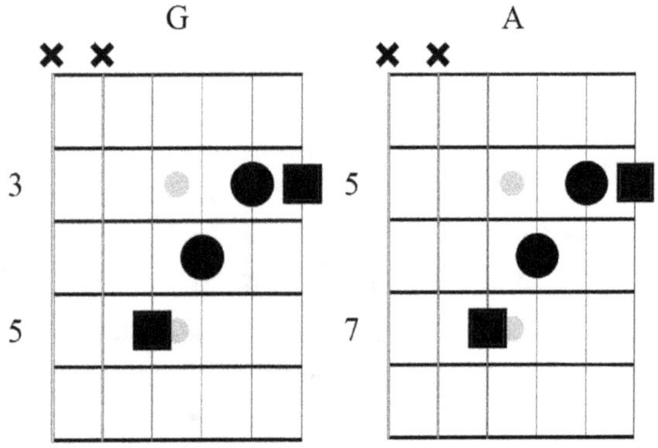

Capítulo 10: Voicings de acordes avanzados

Todas las progresiones dadas en el capítulo anterior contenían más de un acorde. El funk, sin embargo, a menudo contiene largos períodos de tiempo donde la armonía se basa en un solo acorde. Hasta ahora, hemos estudiado cómo hacer deslizamientos, embellecer y trabajar rítmicamente con acompañamientos improvisados de un solo acorde. En este capítulo, vamos a discutir el concepto de usar diferentes *voicings* o inversiones del mismo acorde para añadir interés y melodía.

Cualquier acorde consiste de, por lo menos, tres notas. Por ejemplo, el acorde de G mayor contiene las notas G, B y D.

Mientras el bajista mantenga pulsada la nota G (o esboza la tonalidad de G con un riff), siempre vamos a escuchar las notas de la tríada (G, B, y D) como un sonido G mayor.

Lo importante es darse cuenta de que *no importa* cómo estén organizadas estas tres notas en la guitarra.

Mientras el bajo o el teclado estén esbozando una armonía de G, el oído percibirá estas notas como un acorde de G mayor.

Todos los siguientes arreglos de notas se oirán como un acorde de G mayor.

Ejemplo 10a:

Estos tipos de estructuras de acordes se llaman *inversiones*. Las mismas notas se invierten en diferentes órdenes, pero todos ellos describen el mismo acorde.

Las inversiones son útiles para nosotros como guitarristas rítmicos cuando tenemos que tocar acompañamientos improvisados en el mismo acorde durante un largo periodo de tiempo. Para hacer que la parte de guitarra rítmica sea más interesante, podemos movernos entre diferentes inversiones del acorde.

Al movernos entre inversiones, podemos controlar qué nota de la melodía se escucha en la parte superior del voicing del acorde. Cuando este control se combina con todos los deslizamientos de acordes, adornos y técnicas de las secciones anteriores, empieza a haber una amplia gama de herramientas a nuestra disposición para mantener a la música interesante.

Este capítulo explora las inversiones de tríada utilizadas para cada tipo de acorde común y te enseña algunos trucos útiles y *sustituciones* que se pueden utilizar para implicar rica armonía con estructuras simples (de tres notas).

A pesar de que las tríadas mayores que se muestran arriba probablemente tienen un sonido demasiado brillante y feliz para la mayoría de las partes de guitarra funk, serán útiles para el tipo de groove del soul, R&B y disco.

Comienza poniendo la pista de acompañamiento 13 y tocando los voicings de acordes en las tres cuerdas superiores.

Ejemplo 10b:

Incluso con una pista de acompañamiento y una línea de bajo, esto no es muy funky, así que vamos a añadir ahora algunas de las técnicas rítmicas de los capítulos anteriores.

Ejemplo 10c:

Aunque esto es todavía un poco brillante debido a la tonalidad mayor, puedes empezar a escuchar algunas de las posibilidades que surgen cuando se tocan acompañamientos improvisados con acordes estáticos en las inversiones.

Como las tríadas anteriores son todas mayores, se pueden utilizar sobre *cualquier* tipo de acorde mayor. Los tipos de acordes mayores incluyen los siguientes acordes:

Mayor	Mayor 6	Mayor 7	Mayor 13
Dominante 7 o '7'	Dominante 9 o '9'	Dominante 13 o '13'	

Esta tríada mayor puede que no siempre sea la *mejor* opción para el funk, pero siempre debe funcionar. Después de trabajar a través de la siguiente sección, tendrás muchas opciones para elegir.

Tríadas de séptima dominante

El sonido de la séptima dominante (o simplemente "7", como en G7) es extremadamente común en la música funk aunque normalmente se toca como un acorde de novena dominante o "9", como has visto previamente.

Es fácil ajustar esta tríada mayor para que contenga las notas correctas para implicar un sonido "7".

*Este no pretende ser un libro sobre teoría de la música. Si tienes dificultades con cualquiera de los conceptos de las siguientes secciones, por favor, echa un vistazo a mis dos libros: **Guía práctica de la teoría de** música moderna para guitarristas y **Acordes de guitarra en contexto**. Ellos responderán cualquier pregunta que puedas tener.*

La diferencia entre una tríada de G mayor y un acorde de séptima dominante es que el G7 contiene una nota b7 adicional. En la tonalidad de G, esta nota es F. Al añadir F, sin embargo, se crea un acorde de cuatro notas (G, B, D, F).

Como nuestro enfoque de funk es tocar sólo tríadas de tres notas, ajustaremos las tríadas mayores de tres notas de la página anterior para que contengan el b7.

Como el bajo tocará líneas fuertes alrededor de la tonalidad de G, no es importante para nosotros como guitarristas incluir la nota G en nuestros acordes. Si eliminamos la nota G y la bajamos por un tono a F, creamos algunos voicings de tríada útiles que describen el sonido de séptima dominante. Las notas de la tríada son ahora B, D y F.

Ejemplo 10d:

No te sientas obligado a utilizar formas con las que te sientas incómodo. Permanecer en el groove es mucho más importante que esforzarse por utilizar muchos voicings diferentes.

Estos voicings "7" se utilizan en la siguiente frase musical.

Ejemplo 10e:

Practica esto con la pista de acompañamiento 10 y mira cuántas diferentes formas rítmicas puedes encontrar para tocar estas nuevas tríadas "7". Experimenta con tantos enfoques como puedas. Vuelve atrás y trabaja con los ritmos de los capítulos dos al cinco. Por ejemplo, el ritmo del ejemplo 3p podría ser tocado así:

Ejemplo 10f:

La clave es divertirse y experimentar.

Tríadas menores

Ahora vamos a pasar a las tríadas menores. Estas se tocan con frecuencia en el funk.

Las tríadas menores en la tonalidad de G se pueden tocar de la siguiente manera.

Ejemplo 10g:

El siguiente ejemplo utiliza estas tríadas de Gm en conjunto con los deslizamientos y las notas melódicas de la cuerda superior.

Estas son inversiones muy comunes en el funk, así que asegúrate de conocerlas a la perfección.

Para mayor facilidad, puedes verlas escritas como formas de acordes.

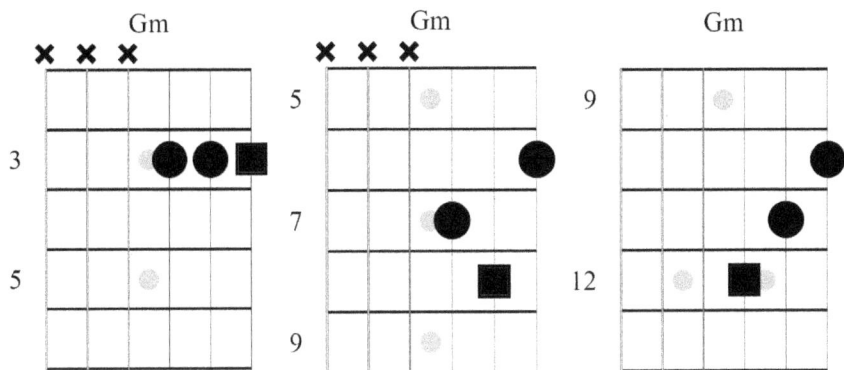

Ejemplo 10h:

El único límite para el uso de estas tríadas musicalmente es tu imaginación. Escucha con atención a intérpretes como Nile Rodgers, Freddie Stone y Prince para ayudarte.

Volveremos a estas tríadas menores pronto, cuando nos fijemos en las sustituciones, pero primero es necesario conocer las tríadas de séptima menor (m7) y de séptima mayor (Maj7).

Tríadas de séptima menor

Del mismo modo que se movió la nota fundamental de la tríada de G mayor por un tono hacia abajo para formar una tríada de G7, podemos mover la fundamental de una tríada de G menor por un tono hacia abajo para formar una tríada de Gm7.

Ejemplo 10i:

Toca estos acordes sobre una línea de bajo de G tal como en pista de acompañamiento 10.

Algo que puede ser un poco confuso al principio es que estas tríadas de Gm7 contienen las mismas notas que una tríada de Bb mayor. Ya has visto estas formas en una tonalidad distinta en el ejemplo 10b.

Lo importante es darse cuenta es que estos acordes son *escuchados* por el oyente en el contexto de la línea de bajo que se esté tocando. Si las tríadas del ejemplo 10i se escuchan sobre una línea de bajo de Bb, entonces oirán Bb mayor. Si se escuchan sobre una línea de bajo de G, entonces oirán Gm7.

Si bien esto puede parecer confuso, el hecho de que sólo tres notas puedan describir dos (o más) diferentes tonalidades es realmente muy útil para nosotros. Los acordes se sustituyen entre sí todo el tiempo, como lo verás pronto.

Tríadas de séptima mayor

El último tipo de triada es la de séptima mayor (Maj7). Esta se forma bajando por un semitono la fundamental de una tríada mayor.

Ejemplo 10j:

Una vez más, en un contexto diferente, estas tríadas GMaj7 podrían ser vistas como tríadas menores de B.

Practica tocando las tríadas de los ejemplos 10i y 10j de la misma manera que las tríadas mayores y dominantes de los ejemplos 10c y 10h.

Crea tus propios ritmos o tómalos prestados de secciones anteriores de este libro. Toca estas tríadas sobre una línea de bajo de G fuerte para que puedas escuchar su sonido único en el contexto correcto.

No olvides experimentar mediante la adición de otras notas melódicas en la cuerda superior y deslizando hacia y desde los acordes.

En este capítulo se ha mostrado hasta ahora que las notas de ciertas tríadas pueden ser comunes a diferentes acordes. Ahora vamos a estudiar algunas aplicaciones útiles de este concepto.

Mira por un momento el siguiente acorde C9. En particular, observa las notas sobre las tres cuerdas superiores.

Compara estas notas con las de la tríada de G menor que estudiamos antes.

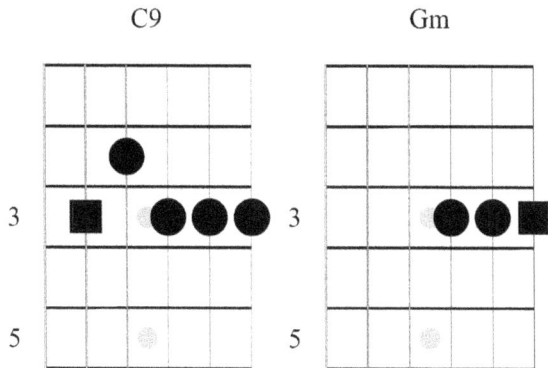

Es fácil ver que el acorde C9 contiene todas las notas de una tríada de Gm. Por lo tanto, es posible y eficaz tocar alguna idea de tríada de Gm cuando estés practicando sobre un groove de C9.

Prueba la siguiente idea de Gm basada en tríada sobre la pista de acompañamiento 11; un acompañamiento improvisado con C9 estático.

Ejemplo 10k:

Ahora tienes tres voicings de acordes diferentes que puedes utilizar al tocar la guitarra rítmica de funk sobre un acorde C9. Muévete entre estas ideas, añade notas melódicas en la cuerda superior y aplica todas las técnicas de la guitarra funk que conoces.

Debes trabajar en pro de la aplicación de este concepto en todas las tonalidades. Comienza por la transposición de esta idea a la tonalidad de E, de modo que estés tocando sobre un acorde de E9. E es una tonalidad muy común en la guitarra funk.

E9   Bm

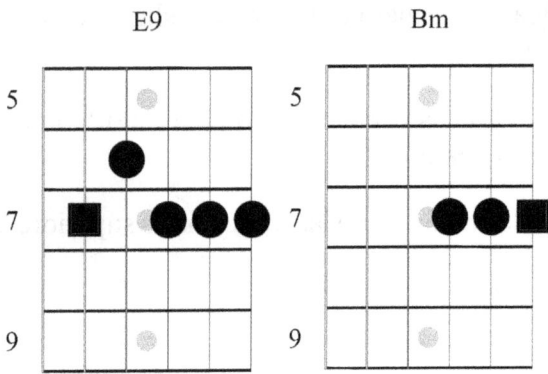

Cualquier tríada de B menor funcionará sobre un acorde de E9.

Para ampliar tus opciones, es ideal combinar las tríadas de E7 con tríadas de Bm para acceder a algunos nuevos sonidos. Moverse entre la "obvia" tríada de E7 sobre una idea de acorde de E9, y el Bm sobre E9 es una gran manera de añadir interés y color a tu interpretación. Utiliza la pista de acompañamiento 12 para ayudarte a practicar.

Ejemplo 10l:

Una idea final para dominar, es que puedes mover la tríada de Bm por un tono entero hacia arriba para formar un voicing de E13. No te preocupes demasiado por la teoría detrás de esta idea, pero asegúrate de ponerla en práctica usando los siguientes ejemplos.

Mira los siguientes tres diagramas. Todos ellos se ilustran con los *intervalos* de los acordes que se muestran.

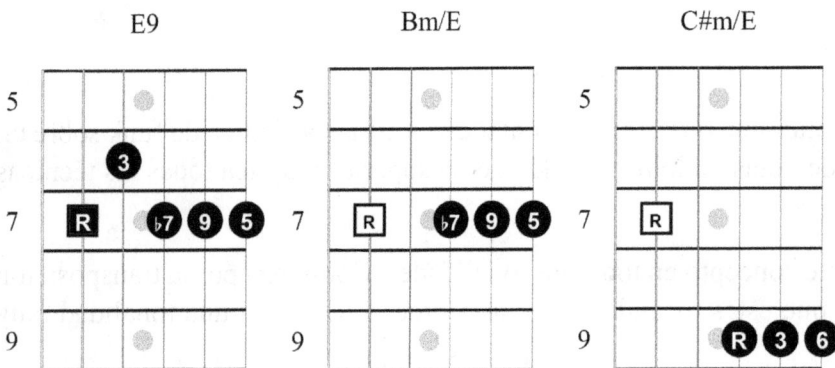

E9   Bm/E   C#m/E

Como se puede ver en el tercer diagrama, cuando la tríada de B menor se mueve hacia arriba por un tono para convertirse en C# menor, los intervalos tocados en relación con la fundamental de E son 1, 3 y 13. Al mover la tríada por un tono hacia arriba, se crea un acorde E13.

Esta técnica funciona para cada una de las tres tríadas de Bm y es un gran recurso musical para utilizar al tocar la guitarra rítmica del funk.

En el siguiente ejemplo, deslicé la tríada de Bm por un tono entero hacia C#m sobre una base de E9.

Ejemplo 10m:

Se han dado muchas técnicas comunes de acordes de funk en este capítulo. Hay muchas más, pero, por desgracia, no hay suficiente espacio en este libro para contenerlas a todas.

El siguiente ejemplo combina muchas de las técnicas de acordes anteriores en una parte de guitarra rítmica completa estilo funky-soul.

Como siempre, experimenta con el ritmo y trae tu propio fraseo a la música.

Ejemplo 10n:

Hay muchas aplicaciones al utilizar las tríadas de esta manera, de hecho, ¡algún día podrían llenar un libro entero por sí solas!

Mi consejo general es tratar de sonorizar los acordes en las tres o cuatro cuerdas superiores o, si tienes que utilizar un acorde con cejilla completa, trata de mantenerlo por encima del 7mo traste. La batería y el bajo mandan en el funk, así que normalmente es importante utilizar inversiones de acordes altos para permanecer fuera de su camino.

Una vez más, sugiero revisar una copia de mis libros, **Acordes de guitarra en contexto**, **Acordes de jazz en contexto** y **Guía práctica de la teoría de música moderna para guitarristas**. Cualquiera de las ideas de acordes de estos libros se puede aplicar en un entorno de funk.

La siguiente sección de este libro aborda de una manera diferente la guitarra rítmica del funk. Se centra en la formación de riffs y ritmos a través de la interpretación de frases de notas individuales.

Capítulo 11: Riffs con notas individuales

Rítmicamente, hay muy poca diferencia entre el uso de líneas de notas individuales y el uso de acordes para construir un groove de funk. La clave para ambos enfoques es estar dentro del tiempo y en sincronía con la batería y el bajo en el groove.

La precisión rítmica se logra mediante la práctica con pistas de acompañamiento, cajas de ritmos o un metrónomo. Si tienes suerte, encuentra un bajista y un baterista y ensaya tus ideas tanto como sea posible.

El punto clave a recordar cuando tocas líneas de notas individuales, al igual que con la interpretación de acordes, es que la mano que puntea debe estar en constante movimiento hacia arriba y hacia abajo en semicorcheas, a fin de mantenerte dentro del tiempo.

Como sabes, sólo hay dos eventos que pueden sucederle a la mano que puntea; darle a la cuerda u omitir la cuerda. Mientras el movimiento hacia abajo y hacia arriba se mantenga constante en el tiempo, no tienes que preocuparte demasiado por ello. En la mano del diapasón, hay muchas más opciones disponibles.

La mayoría de los riffs de funk de notas individuales se crean mediante el uso de las notas de la escala pentatónica menor. También se utilizan otras escalas, como los modos mixolidio y dórico, pero los riffs del funk son principalmente pentatónicos.

Para obtener el sentimiento de esto, empieza practicando las permutaciones de semicorcheas de los capítulos anteriores en una nota individual. En resumen, aquí están algunas de las principales posibilidades.

Usa notas silenciadas junto con una pista de acompañamiento para asegurarte de que estás cómodo tocando todos estos grupos dentro del tiempo. Vuelve al capítulo 2 si tienes alguna dificultad.

Ahora, utiliza sólo dos o tres notas de la escala de E pentatónica menor y haz riffs cortos utilizando estos ritmos.

Em Pentatonic

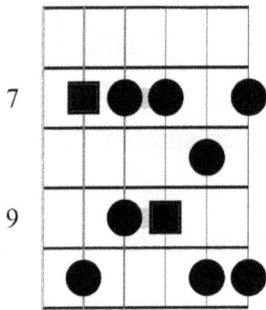

Recuerda que debes mantener tu mano que puntea moviéndose arriba y abajo en semicorcheas en todo momento.

Ejemplo 11a:

Puntea fuerte de manera que puedas sentir las cuerdas oponiendo resistencia cuando punteas. Además, experimenta cambiando la ubicación de la púa a lo largo de la cuerda. Trata de puntear hacia el puente y poco a poco avanzar hacia el mástil. Es posible que encuentres un punto que realmente haga que el tono de la guitarra sobresalga.

Prueba el mismo ejercicio de nuevo, pero esta vez añade un scratch de semicorchea en las corcheas:

Ejemplo 11b:

Se puede oír que, mientras que las notas con tono están en el mismo lugar, el efecto rítmico es muy diferente.

La guitarra funk está llena de sutilezas como ésta, que sólo pueden ser interiorizadas a través de la práctica y la interpretación.

Ahora toma el mismo riff, pero esta vez utiliza un ligado ascendente en lugar del segundo punteo. Una vez más, notarás una inflexión ligeramente diferente en el groove.

Ejemplo 11c:

Para ejecutar un ligado ascendente fuerte, puntea la primera nota (7) fuertemente y, sin puntear de nuevo, martilla el tercer dedo hacia abajo en el noveno traste. Ten cuidado de asegurarte que tus notas son iguales tanto en el ritmo como en el volumen. Escucha con atención la pista de audio para escuchar cómo debería sonar esto.

Si tienes que trabajar en tu técnica, echa un vistazo a mi libro **Técnica completa para guitarra moderna**.

He aquí un nuevo ritmo que nos permite combinar ligados ascendentes con ligados descendentes.

Comienza este ejercicio punteando todas las notas. Recuerda que debes mantener tu púa en movimiento, incluso en las notas más largas.

Ejemplo 11d:

Prueba tocando esta frase de nuevo, pero esta vez añade ligados descendentes cada vez que la melodía desciende en la misma cuerda.

Ejemplo 11e:

A continuación, trata de hacer ligados ascendentes para ejecutar las notas ascendentes.

Ejemplo 11f:

Compara los ejemplos 11d, 11e y 11f. Escoger entre el uso de fraseo de legato (ligados ascendentes y ligados descendentes) o puntear genera una gran diferencia en el sentimiento general de un riff.

Pasa tiempo improvisando con sólo dos, tres o cuatro notas de la escala pentatónica menor. Toca frases muy cortas y conscientemente alterna entre punteo, ligados ascendentes y ligados descendentes. Encontrarás que las líneas más interesantes y sutiles que crees combinarán todas estas técnicas con ritmos precisos y únicos.

Uno de los objetivos más importantes para cualquier guitarrista es el desarrollo de la libertad rítmica. Esto significa desarrollar la capacidad de colocar cualquier nota *exactamente* donde la quieres en el compás.

Una gran manera de trabajar en tus habilidades de colocación es asegurarte de que puedes comenzar una frase en *cualquier* división de semicorchea del compás. Las siguientes líneas te mostrarán cómo trabajar en esta técnica esencial.

Ya hemos cubierto una gran cantidad de líneas que comienzan en la primera semicorchea del compás, así que vamos a comenzar este estudio con una que inicia en la segunda semicorchea.

Ejemplo 11g:

Asegúrate de que la primera nota que toques en esta frase esté articulada con un punteo hacia arriba. No he incluido el resto de las direcciones de punteo intencionalmente, porque cada músico articulará esta frase de diferentes maneras.

Si estás teniendo problemas para aislar la segunda semicorchea, el siguiente ejercicio te ayudará.

Ejemplo 11h:

El ejemplo anterior te permite concentrarte exclusivamente en atacar la segunda semicorchea del pulso con un punteo hacia arriba. Recuerda que debes mantener tu mano que puntea moviéndose en semicorcheas constantes. Omite el primer punteo hacia abajo y conecta con el siguiente punteo hacia arriba. Este ejemplo se puede adaptar fácilmente para aislar cualquier semicorchea en el pulso.

La siguiente frase inicia en la tercera semicorchea.

Ejemplo 11i:

Si tienes dificultad para entrar en la tercera semicorchea, adapta el ejercicio dado en el ejemplo 11h.

El siguiente ejemplo comienza en la cuarta semicorchea del pulso.

Ejemplo 11j:

Una vez más, si tienes alguna dificultad para comenzar esta frase en la cuarta semicorchea, adapta el ejemplo 11h para aislar esta subdivisión específica.

Practica escribiendo líneas que comiencen en cada división de semicorchea del compás. Esto te da un total de dieciséis posibilidades para elegir. Trabaja de forma metódica y asegúrate de obtener una buena idea de cómo se siente cada colocación.

No olvides que puedes comenzar la línea *antes* de que comience la pista de acompañamiento. Por ejemplo, aquí empiezo la línea en la última semicorchea de la cuenta inicial.

Ejemplo 11k:

Practica con la pista de acompañamiento 1 y pasa tanto tiempo como puedas improvisando con ideas que comiencen en diferentes divisiones del pulso.

También deberías tratar de tocar las ideas usando diferentes posiciones de la escala de E pentatónica menor, tales como:

Em Pentatonic

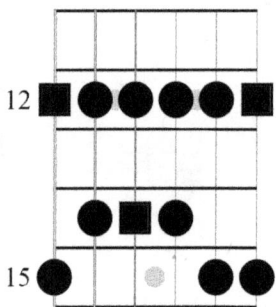

Una gran aplicación para esta escala pentatónica de "primera posición" es que se vuelve fácil tocar dobles cuerdas.

Una doble cuerda consiste simplemente en tocar dos notas juntas al mismo tiempo, y son una característica muy común de la guitarra funk.

Ejemplo 11l:

Cada par de notas se toca con un dedo. Yo uso mis dedos índice y anular a su vez. Trata de aplicar un ligero bend o "rizo" a cada par de notas como se puede escuchar en la pista de audio.

Los dos ejemplos siguientes combinan líneas de notas individuales con dobles cuerdas.

Ejemplo 11m:

Ejemplo 11n:

Ahora, vamos a usar dobles cuerdas, acordes, y líneas de notas individuales para crear una parte rítmica complicada.

Observa la sustitución de la tríada de Bm sobre el acorde E9, creando un sonido E13.

Ejemplo 11o:

Ejemplo 11p:

Como podrás imaginar, las variaciones de este tipo de idea son completamente ilimitadas. Puede que incluso quieras añadir una línea de bajo a tu improvisación. (No hagas esto si hay un bajista real tocando contigo; es una forma rápida de perder amigos).

Este último ejemplo combina punteos, acordes y una corta línea de bajo.

Ejemplo 11q:

Explora ideas como ésta utilizando diferentes posiciones de la escala pentatónica menor. Asegúrate de trabajar en diferentes tonalidades y utiliza pistas de acompañamiento con diferentes sensaciones.

Recuerda que lo más importante no son las notas específicas que se tocan, sino su sensación y colocación. La regla número uno es encajar con el bajista y el baterista. En caso de duda, comienza tocando rasgueos silenciados mientras escuchas el charles y construye a partir de ahí.

Capítulo 12: Acordes push, metrónomos y tono

Este capítulo reúne algunos importantes cabos sueltos que en realidad no encajan de forma natural en las secciones anteriores.

Acordes push

Lo primero que hay que aprender es cómo "empujar" (push) hacia adelante un cambio de acorde por sólo una semicorchea. En el funk, en lugar de cambiar los acordes directamente sobre el pulso uno de un nuevo compás, es muy común ejecutar un acorde una semicorchea antes.

Compara los dos pasajes siguientes.

Ejemplo 12a:

Ejemplo 12b:

Como estoy seguro de que se puede escuchar, el ejemplo 12b es mucho más funky que el ejemplo 12a. Moviendo el acorde una semicorchea antes y adelantando el cambio, la parte de la guitarra rítmica se pone mucho más interesante muy rápidamente.

En un principio puede ser difícil tocar estos acordes anticipados. El secreto es rellenar cada división de semicorchea con un scratch y concentrarse sólo en la articulación del último rasgueo hacia arriba del compás.

Para practicar este concepto de anticipación de acorde, trabaja con un metrónomo ajustado en 60 bpm. Divide cada clic en cuatro semicorcheas utilizando scratches silenciados y acentúa agresivamente el último rasgueo hacia arriba de cada compás.

Cuando estés listo, acentúa un acorde en lugar del scratch en la división final de cada compás.

Por último, añade los acordes del ejemplo anterior. Puede ser beneficioso grabarte practicando ejercicios como este para que puedas escuchar de nuevo más tarde para verificar si lo estás haciendo bien.

Como último reto, y para asegurarte de que no estás apoyándote en los scratches demasiado para mantenerte en el tiempo, intenta eliminar los scratches y sólo tocar el último rasgueo hacia arriba de cada compás.

Recuerda que debes mantener tu mano que puntea moviéndose en semicorcheas todo el tiempo a pesar de que no hagas contacto con la guitarra.

Ejemplo 12c:

Prueba el ejercicio anterior con notas individuales y con cualquier progresión de acordes que conozcas. Esta idea rítmica es una gran manera de crear un ambiente de funk instantáneo en tu interpretación rítmica. Es un recurso muy común en la guitarra rítmica del funk y ahora que eres consciente de ello, lo podrás escuchar todo el tiempo.

Usar un metrónomo

El uso del metrónomo es un verdadero arte cuando se practica la guitarra rítmica. En el funk, creo que hay tres técnicas muy beneficiosas para usar.

1) El metrónomo haciendo clic sobre cada pulso

2) El metrónomo haciendo clic en los pulsos dos y cuatro

3) El metrónomo haciendo clic en los pulsos inacentuados

La forma más común en que los guitarristas utilizan el metrónomo es ajustándolo para hacer clic en todos los cuatro pulsos. Esta es una etapa muy importante porque nos dice exactamente donde está el pulso. En un groove de batería simple, el bombo sonará en los tiempos uno y tres y la caja sonará en los tiempos dos y cuatro.

Cuando el metrónomo está *haciendo clic sobre dos y cuatro*, sólo nos está diciendo donde esta la caja. En otras palabras, el músico tiene que llenar mentalmente los pulsos uno y tres. Debido a que el músico está haciendo más trabajo, le obliga a concentrarse más en el clic y rápidamente mejora su sentido del tiempo.

Oír el metrónomo en los tiempos dos y cuatro puede ser difícil al principio.

Ajusta el metrónomo a *la mitad* del tempo deseado. Si quieres tocar a 100 bpm, ajusta el metrónomo a 50.

A medida que el metrónomo haga clic, dí en voz alta "dos, cuatro, dos, cuatro", y cuando eso comience a asentarse, añade "uno" y "tres" en los espacios.

Con la práctica, aprenderás a oír el clic del metrónomo en dos y cuatro.

Practica añadiendo rasgueos silenciados de semicorcheas simples mientras sientes el clic en dos y cuatro.

Ejemplo 12d:

Poco a poco empieza a usar los otros patrones de semicorcheas que has estudiado mientras te aseguras de que estás sintiendo el clic en dos y cuatro. Trabajar de esta manera significa que estás tomando una gran cantidad de responsabilidad para tocar dentro del tiempo. Escucha con atención tu interpretación y asegúrate de que no te estás acelerando o ralentizando. Grabar tu práctica es una buena idea aquí.

Como ahora estás casi completamente seguro de ti mismo para permanecer con el clic, encontrarás que tu sentido del ritmo aumenta radicalmente.

Para ver ejercicios más detallados con base en esta idea, echa un vistazo a mi libro **Técnica completa para guitarra moderna.**

Un uso final del metrónomo es escucharlo como si estuviera haciendo clic en cada *pulso inacentuado*. Para ello, establece el metrónomo al tempo deseado, pero marca con el pie entre cada clic. El metrónomo ahora está haciendo clic en cada "y" (and).

Cuando puedas sentir fuertemente esta división, empieza a tocar rasgueos silenciados de semicorcheas de nuevo.

Ejemplo 12e:

Escucha con atención el segundo rasgueo hacia abajo de cada pulso. Debería sincronizarse perfectamente con el clic.

94

Ahora vuelve a los ejercicios de la primera parte de este libro y toca con el clic del metrónomo en la "y" de cada pulso. Al principio, puede ser fácil que cambies para empezar a escuchar el metrónomo sobre el pulso de nuevo. Si esto sucede, no te preocupes... solo empieza diciendo "y" en voz alta en cada clic y marca con el pie entre cada espacio. Con la práctica, serás capaz de tocar incluso ritmos muy complejos, mientras que "controlas" la forma en que se percibe el clic.

Hay un montón de maneras de practicar la guitarra rítmica con el metrónomo, y cuantos menos clics oyes, más trabajo tendrás que hacer internamente para tocar con buen tiempo.

Tal vez quieras tratar de ajustar el metrónomo a 30 bpm y sólo dejarlo tocar un pulso del compás. Comienza dejándolo hacer clic en el pulso uno, luego, pasa a tocar en el pulso dos, etc.

Puede que incluso quieras tener un solo clic por compás, pero haz que suene en un pulso inacentuado específico ("y"). Ajusta el metrónomo a 30 bpm y aprende a escucharlo como el "y" del pulso cuatro. Esta división puede ser directa u oscilante.

Ejemplo 12f:

La regla es que cuanto menos haga el metrónomo, más responsabilidad estás tomando por el tiempo. Practicar de esta manera mejora enormemente tu reloj interno, haciéndote un mejor intérprete de la guitarra rítmica.

Estos ejercicios son difíciles, así que abórdalos poco a poco.

Trabajar con pistas de acompañamiento te ayuda a encajar en el groove de otras personas. Practicar con un metrónomo realmente puede ayudar a que tú mismo tomes el control del groove.

Obteniendo el tono

La música y el tono, por su naturaleza, son subjetivos. No hay reglas estrictas y rápidas en cuanto a la forma "correcta" de hacer las cosas. Teniendo esto en cuenta, las siguientes sugerencias se dan a manera de guía. Éstas son maneras comprobadas de conseguir un sonido de funk tradicional.

Una cosa con la cual parece que la mayoría de los intérpretes están de acuerdo es que, con el fin de conseguir el tono adecuado, las pastillas de bobinado simple (single coil) son esenciales. Las Stratocasters y Telecasters de bobinado simple son opciones muy comunes en la guitarra funk. Jimmy Nolan usaba una Gibson ES-175 equipada con pastillas P90 de bobinado simple.

Nile Rodgers utiliza una Stratocaster cariñosamente apodada "La creadora de hits". Se estima que ésta guitarra ha hecho música que ha recaudado más de U$ 2 mil millones.

En una Stratocaster, la selección de pastillas es importante. Es común ver los interruptores de selección de pastillas ajustadas en la posición dos o la posición cuatro, aunque a menudo se utiliza la posición cinco para seleccionar la pastilla del mástil para dar un tono ligeramente más suave. La experimentación es clave aquí, pero siempre y cuando estés usando pastillas simples, no vas a errar.

Utiliza los controles de tono de tu guitarra para tu beneficio. Si el sonido es particularmente brillante, tal vez quieras atenuar el tono un poco, pero no bajes mucho menos que alrededor de siete para asegurarte de que todavía te abres paso en el escenario.

Una amplia variedad de amplificadores se ha utilizado para la guitarra funk y no hay nada inamovible. Los amplificadores Fender parecen ser unos de los favoritos, en especial sus modelos Twin o Princeton. Se pueden lograr grandes resultados con amplificadores Vox también.

En general, los ajustes del amplificador se inclinarán hacia tener un poco más agudos y un poco menos graves. Recuerda que la guitarra es a menudo vista como un instrumento de percusión en el funk. No queremos ocupar demasiada "propiedad" en la mezcla.

En cuanto a los efectos, un pedal de wah-wah es esencial. Incluso se puede utilizar como un filtro, estableciéndolo en una posición y no tocándolo. Muchos intérpretes tienen algún tipo de compresor en su cadena de señal, pero utilizarlo de una forma sutil es la clave. Si el compresor está demasiado alto, entonces extraerá el rango dinámico de tu interpretación.

Mediante el uso de sólo un poco de compresión, te abrirás paso en la mezcla mucho mejor y todavía conservarás toda la calidad dinámica y los matices de tu tono. Los compresores normalmente deben fijarse de manera que no se puedan oír, su papel es el de potenciar los bajos y aplastar los altos de cualquier inconsistencia en tu volumen. Si te excedes con los ajustes del compresor, se aprieta todo el rango dinámico de tu interpretación y sonará unidimensional.

Cualquiera sea el equipo que utilices, la única regla es que eres parte de una banda y debes moldear tu tono para *contribuir* a la música, en lugar de inundar con tu propia identidad. Encuentra un equilibrio y sé colaborativo.

Conclusiones

El funk es una música difícil de definir; sus estilos rítmicos trascienden muchos géneros diferentes y han encontrado su lugar en el hip hop, el soul, el rock, el pop y la música disco. En el corazón del funk está la creencia de que el conjunto es mucho mayor que la suma de las partes. Cada músico de la banda aporta algo y mediante la combinación de estos elementos nace una entidad que vive y respira.

Como guitarristas, nuestro trabajo es, a menudo, tomar un asiento trasero mientras dejamos que brillen la batería, el bajo, los vientos y los cantantes. La mayoría de las veces estamos en la banda para proporcionar frases pegadizas y repetitivas mientras a la vez encajamos en la sección rítmica. A pesar del papel de asiento trasero, la guitarra es a menudo uno de los elementos más importantes en la construcción del groove. Proporciona un contrapunto rítmico e interés a la sección del ritmo básico de batería y bajo.

Muchas pistas famosas se han escrito sólo alrededor de frases de tres o cuatro notas en la guitarra. Sólo tienes que escuchar *Get On Up* (James Brown) para saber lo poderosas que pueden ser unas pocas notas. Ellas pueden mover a una generación o engendrar un género completamente nuevo. No es coincidencia que James Brown sea el artista de quien se han hecho más samples en el mundo.

El corazón del funk es la interpretación rítmica con un groove compacto. La primera parte de este libro debería desarrollar todas las habilidades técnicas y rítmicas importantes que se necesitan para ser un excelente guitarrista de funk. Mi consejo al trabajar con este libro es ser paciente... Puede que no estés agregando todos los acordes y colores que estás ansioso por escuchar, pero si pasas tiempo aprendiendo a dominar estos ritmos, luego todos los riffs e ideas de acordes vendrán a ti con mucha facilidad.

Las ideas armónicas de la segunda mitad de este libro representan las primeras áreas de estudio más importantes. Aunque el funk normalmente es armónicamente estático, una gran cantidad de interés se puede crear mediante el uso de las ideas de embellecimiento y de sustitución que se muestran aquí.

Piensa en la tonalidad de la canción como un paraguas que alberga una amplia variedad de enfoques diferentes. Algo que comprendí, y que me ayudó en gran medida a desarrollar mi interpretación, fue que podía tratar a la guitarra como una sección de viento de tres piezas. Al mover los fragmentos de acordes cromáticamente y cambiar entre sustituciones simples, supe que era posible crear piezas complejas que mejoran y decoran la tonalidad de la canción.

Lo más importante que hay que recordar es que *nada* funcionará si no estás en el groove. Es mucho mejor tocar rasgueos silenciados y rítmicamente compactos durante toda la noche, que tocar incluso acordes simples que estén fuera de tiempo. Imagina que tu guitarra es un instrumento de percusión y siempre mantén los oídos en los otros músicos de la banda.

Las partes de guitarra funk son repetitivas. Es una característica estilística importante del género. Tocar el mismo riff durante cinco minutos puede sonar simple, pero en realidad este tipo de interpretación es muy exigente y requiere una gran resistencia y concentración.

Recuerda, la pregunta era "¿puedes tocar un E9 *toda la noche*?". Eres el responsable de traer el interés rítmico.

Mi consejo es escuchar tanto funk, disco y soul como puedas y aprender a seguir la interpretación *a la perfección* con las partes de guitarra. Si no puedes comprender los acordes, sólo toca scratches silenciados. Sube el volumen de la pista y baja el de tu guitarra. Toca hasta que suene como si fuera tu interpretación la que sale de los altavoces.

Practicando de esta manera, rápidamente vas a interiorizar el sentimiento de los guitarristas que admiras. Comprende que el trabajo del ritmo en la primera parte de este libro forma los componentes básicos de *todo* lo que se oye en la guitarra funk.

La guitarra funk me enseñó que la guitarra rítmica no es aburrida. Si te resulta aburrida, lo estás haciendo mal. La sutileza y profundidad que la guitarra puede traer a una pista de funk conforman el estudio de toda una vida.

Lo más importante que puedes hacer es divertirte mientras estás tocando. Trae energía positiva y ritmo compacto a la pista y no te equivocarás.

Recuerda, menos es más.

Que te diviertas,

Joseph.

Música recomendada

Los siguientes artistas y álbumes representan un pequeño porcentaje de la gran música funk que existe. En esta lista, he tratado de incluir un poco de la música que más ha definido al género y que debes conocer. En caso de duda, la mayoría de los artistas que se enumeran a continuación y a lo largo de este libro tienen álbumes de "lo mejor de", que siempre son una gran introducción a su estilo.

1999 – Prince

3+3 – The Isley Brothers

Ahh...the Name is Bootsy, Baby! – Bootsy's Rubber Band

Average White Band – AWB

Cameosis – Cameo

C'est Chic – Chic

Computer Games – George Clinton

Curtis – Curtis Mayfield

Faces – Earth, Wind and Fire

Fufillingness First Finale – Stevie Wonder

Game, Dames, and Guitar Thangs – Eddie Hazel

Go For Your Guns! – The Isley Brothers

Headhunters – Herbie Hancock

It's a New Day – James Brown

Let's take it to the Stage – Funkadelic

Live at the Apollo – James Brown

Live at the Apollo: Vol. 2 – James Brown

Live It Up – The Isley Brothers

Mothership Connection – Parliament

Off The Wall – Michael Jackson

Open Sesame – Kool and the Gang

Real People – Chic

Rejuvenation – The Meters

Sex Machine (Live) – James Brown

Songs in the Key of Life – Stevie Wonder

Standing On the Verge of Getting It on – Funkadelic

Stand – Sly and the Family Stone

Superfly – Curtis Mayfield

Talking Book – Stevie Wonder

The Greatest Hits – Earth, Wind and Fire

The Payback – James Brown

There's a Riot Goin' On – Sly and the Family Stone

Tower Of Power – Tower Of Power

Urban Dancefloor Guerillas – P-Funk All Stars

Zapp – Zapp

Otros libros del mismo autor

Guía completa para tocar guitarra blues – Libro 1: Guitarra rítmica

Guía completa para tocar guitarra blues – Libro 2: Fraseo melódico

Guía completa para tocar guitarra blues – Libro 3: Más allá de las pentatónicas

Guía completa para tocar guitarra blues – Compilación

El sistema CAGED y 100 licks para guitarra blues

Cambios fundamentales en guitarra jazz: ii V I mayor

Dominio del ii V menor para guitarra jazz

Solos de jazz blues para guitarra

Escalas de guitarra en contexto

Acordes de guitarra en contexto – Parte 1

Dominio de los acordes en guitarra jazz (Acordes de guitarra en contexto – Parte 2)

Técnica completa para guitarra moderna

Dominio de la guitarra funk

Teoría, técnica y escalas – Compilación completa para guitarra

Dominio de la lectura a primera vista para guitarra

El sistema CAGED y 100 licks para guitarra rock

Guía práctica de la teoría musical moderna para guitarristas

Lecciones de guitarra para principiantes: Guía esencial

Solos en tonos de acorde para guitarra jazz

Guitarra rítmica en el heavy metal

Guitarra líder en el heavy metal

Solos pentatónicos exóticos para guitarra

Continuidad armónica en guitarra jazz

Solos en jazz – Compilación completa

Compilación de acordes para guitarra jazz

Fingerstyle en la guitarra blues

Solos en rock melódico para guitarra

Pop y rock para ukulele: Rasgueo

Sé social

Para obtener cientos de lecciones de guitarra gratuitas, visita www.fundamental-changes.com

Únete a las más de 10.000 personas que están obteniendo seis lecciones de guitarra gratuitas cada día en Facebook:

www.facebook.com/FundamentalChangesInGuitar

Imágenes de portada © Can Stock Photo Inc. / WitthayaP

Sé social